AF499922

MÉMOIRE

SUR

LA LIBERTÉ DE LA PRESSE.

MÉMOIRE

SUR

LA LIBERTÉ DE LA PRESSE,

PAR M. LAMOIGNON DE MALESHERBES.

A PARIS,
CHEZ PILLET, IMPRIMEUR-LIBRAIRE,
RUE CHRISTINE, N° 5.

—

1814.

AVERTISSEMENT

DE L'EDITEUR.

Demander si la presse doit être libre ou esclave, c'est demander, en d'autres mots, si la monarchie doit être constitutionnelle ou absolue : est-il étonnant qu'une question de cette importance, qui réveille tant d'espérances et d'inquiétudes, agite tous les esprits, et devienne un objet de controverse, au moment où la discussion a pour but d'en faire une loi de l'Etat ?

J'avais lu tout ce qu'on a récemment publié sur cette matière : les deux lettres de M. Suard, la brochure de M. Morellet, celle de M. de Constant, mettaient sans doute un grand poids dans la balance en faveur des partisans de la liberté de la presse; mais il me semblait que cette proposition n'avait point été envisagée sous toutes ses faces; qu'on s'était plus occupé d'en établir ou d'en contester le principe que d'en déduire les conséquences; d'en fonder la théorie que d'en régler la pratique. Je crus pouvoir prendre une part utile à cette grande discussion, en examinant, tour-à-tour, cette question de la liberté de la presse, dans l'intérêt de la nation, dans l'intérêt du prince, dans l'intérêt des lettres et des écrivains.

Ce travail était presqu'achevé lorsque j'en donnai connaissance à un de mes amis : « Ces principes sont excellens, me dit-il; vos raisonnemens sont d'autant meilleurs que vous les appuyez sur des faits; les conséquences que vous en tirez sont incontestables; je ne vois qu'un reproche à vous faire, et je l'adresse, en même tems, à tous ceux qui ont écrit depuis un mois sur cet objet :

pourquoi redire tout ce qui a été dit? pourquoi refaire tout ce qui a été fait? C'est une manie de l'époque actuelle; personne ne lit, tout le monde veut écrire : il en est de la presse comme de la conversation, où, la plupart du tems, chacun parle sans écouter et sans répondre.

» Toutes les grandes questions politiques qui se représentent aujourd'hui ont été discutées, à une autre époque, par des hommes d'un mérite supérieur; reprenons donc les choses où ils les ont laissées, et, pour apprécier leurs opinions, lors même qu'elles sont les nôtres, servons-nous du seul avantage que nous ayons sur eux, de l'expérience que nous avons si chèrement acquise.

» La liberté de la presse est un droit reconnu par la charte constitutionnelle; toute loi à ce sujet ne devrait donc avoir pour but que d'en régler l'exercice et d'en punir les délits; mais puisqu'on a trouvé le moyen de remettre ce droit en question, contentez-vous de reproduire contre ceux qui l'attaquent avec de vieux préjugés, les argumens sans réplique d'un homme d'Etat dont le nom est une autorité, l'exemple un prétexte, et la mémoire un véritable culte.

» Qu'importe à la nation et à ses représentans ce que vous, ou même M. Chéron, pensez de la liberté de la presse? Celui-ci, dans une brochure qu'il vient de publier, demande *qu'on lui cite un seul grand publiciste où l'on trouve cette question approfondie*; citez-lui M. Lamoignon de Malesherbes : faites mieux, remettez sous les yeux des Français l'excellent écrit où ce magistrat, à jamais révéré, a traité ce sujet avec toute l'autorité de son talent, de son expérience et de son caractère. »

J'ai suivi le conseil de mon ami; j'ai relu le Mémoire de M. de Malesherbes, et j'ai déchiré les pages inutiles que j'avais écrites. J'aurais pu, comme un autre, atténuer son témoignage, affaiblir ses idées en les reproduisant sous mon nom dans un pamphlet éphémère; mais j'ai le désir d'être utile, et non l'envie de me faire remarquer. Je mets la liberté de la presse au nombre des premiers besoins politiques de notre nation; je l'envisage, à l'époque où nous vivons, comme la sauve-garde de la liberté publique, comme le garant de l'autorité royale; j'y vois des avantages que rien ne peut compenser, et des inconvéniens que la loi peut aisément prévenir. J'ose assurer qu'il n'est pas un homme de bonne foi aux yeux de qui ces vérités ne soient sensibles, après avoir lu ce Mémoire d'un homme dont la vie ne semble avoir tant honoré l'espèce humaine que pour lui faire pardonner le crime épouvantable de sa mort.

Il ne reste qu'une preuve à ajouter à

toutes celles qu'apporte M. de Malesherbes en faveur de la liberté de la presse : si nous en eussions joui à une époque trop voisine de celle où il écrivit ce Mémoire, nous n'aurions point à gémir aujourd'hui sur sa perte et sur celle de l'auguste victime au souvenir et à l'immortalité de laquelle il s'est associé.

TABLE.

Dans la discussion de toutes ces questions, il y aura deux objets à considérer, celui de donner à la Nation la liberté d'écrire, qu'une grande partie du public croit essentielle depuis qu'on s'occupe des assemblées nationales qui vont se tenir, et celui d'empêcher la licence des libelles, qu'une autre partie du public regarde comme l'abus auquel il est le plus nécessaire de mettre un frein.

J'ignore entre les mains de qui tombera ce Mémoire. Je prendrai le parti, en discutant chaque question, d'adresser la parole successivement aux lecteurs qui sont dans l'un et l'autre de ces principes, à ceux qui sont zélés pour la liberté, et à ceux qui insistent pour arrêter la licence.

MÉMOIRE

SUR

LA LIBERTE DE LA PRESSE.

CHAPITRE PREMIER.

QUESTION PREMIÈRE.

Quels sont, en général, pour une Nation, les avantages et les inconvéniens de la liberté d'imprimer, et quels seront-ils dans le moment où les représentans de la nation vont s'assembler?

La discussion publique des opinions est un moyen sûr de faire éclore la vérité, et c'est peut-être le seul.

Ainsi toutes les fois que le Gouvernement a sincèrement le noble projet de faire connaître la vérité, il n'a d'autre parti à prendre que de permettre à tout le monde la discussion sans aucune réserve, par conséquent d'établir ce qu'on appelle *la liberté de la presse;* car depuis que *l'art de l'imprimerie* est inventé, ce n'est plus par des disputes verbales, même par des thèses, par des sermons, que la nation sera instruite.

La parole se perd et s'oublie; c'est l'écriture qui la fixe, et qui, comme ont dit les poètes, attache au papier la parole fugitive, et c'est l'impression qui donne à l'écriture une durée éternelle. C'est cet art qui répand sur toute une nation les lumières qui autrefois n'éclairaient qu'un petit nombre de sages.

Quand un roi, quand une nation voudront faire luire la vérité, ce n'est plus ces conférences qui ont eu lieu dans les siècles passés, comme celles que fit tenir Philippe de Valois sur la juridiction ecclésiastique; comme le colloque de Poissy et les autres du même siècle, sur la religion; comme celles qui furent tenues, pendant le dernier règne, entre les prélats et les magistrats, sur les disputes qui agitaient alors le clergé et la magistrature, ni même comme les conférences ordonnées par Louis XIV, en 1667 et 1670, sur la réformation des ordonnances.

Il n'y a, dans de semblables conférences, qu'un petit nombre d'auteurs, un petit nombre de juges, et un tems limité, après lequel il faut présumer que tout a été dit.

Mais l'impression offre un champ plus vaste ; c'est une arène où chaque citoyen a droit d'entrer ; c'est la nation entière qui est le juge, et quand ce juge suprême a été entraîné dans l'erreur, ce qui est souvent arrivé, il est toujours tems de le rappeler à la vérité. La lice n'est jamais fermée.

L'erreur triomphe quelquefois, pendant un tems, par la supériorité des talens du défenseur de la mauvaise cause ; mais dans la suite la vérité perce, et ses adversaires sont confondus.

Il y a près de quarante ans que j'ai soutenu, pour la première fois, cette maxime. J'étais obligé alors de discuter la question, parce qu'on m'avait chargé de l'inspection de la *librairie*.

Dans ce tems-là bien des personnes, et sur-tout la plupart des gens en place, étaient d'un avis différent.

Ils paraissaient effrayés de toutes les erreurs que pourrait répandre dans le public un auteur téméraire, qui aurait le talent de se faire lire. C'était alors M. de Voltaire qui les faisait trembler.

Je persistais dans mon sentiment, et je leur soutenais toujours que les erreurs n'auraient qu'un tems, et que, pourvu qu'on laissât la liberté de la discussion, ce serait à la longue la vérité qui prévaudrait.

Mais aujourd'hui il n'y a plus si long-tems à attendre pour ce triomphe de la vérité, parce qu'il n'y a point, et qu'il n'y aura plus jamais d'auteur qui ait assez d'ascendant sur la nation entière pour lui faire illusion sur les objets qui l'intéressent.

La nature ne produit pas souvent des Montesquieu et des J. J. Rousseau, et il est rare que des familles opprimées aient, comme celle des Calas, le bonheur de trouver un Voltaire pour défenseur.

Mais on peut se passer de ces talens supérieurs.

L'éducation et le goût de la littérature, dont les progrès sont depuis quelque tems si rapides, font naître tous les jours des talens suffisans pour défendre une bonne cause.

Un style pur, noble et clair suffit pour exposer une question, et mettre le public en état d'en juger. L'auteur, doué de ce talent, intéressera même le public si la cause est par elle-même intéressante.

Si, sur une question qu'il faut agiter, celui qui a les connaissances n'a pas le talent d'écrire, il trouve aisément un ami qui lui prête sa plume. Il n'est pas nécessaire de recourir à ceux qui se sont fait un nom dans la littérature, et les gens de lettres ne sont plus, comme autrefois, un petit nombre d'hommes privilégiés qui avaient seuls le droit de parler au public.

Nous avons vu depuis quelques années, des gens du monde, des militaires qui n'avaient jamais couru la carrière des lettres, et jamais étudié la science des lois, se charger eux-mêmes de la défense d'une cause qui les intéressait. Quelque-uns ont composé des mémoires si bien faits, que les plus célèbres avocats ont avoué qu'ils n'en auraient pas fait un meilleur. D'autres ont osé paraître dans l'arêne contre des orateurs exercés dans les disputes du barreau, et qui y avaient acquis beaucoup de réputation, et au jugement du public, ce juge souverain des juges de la terre, l'homme du monde n'a pas été terrassé par le jurisconsulte. Dans le peuple même, dans la classe des artisans dont presqu'aucun ne savait lire dans le siècle passé, il s'est trouvé des talens littéraires dont on a été surpris.

Lorsque l'Académie des sciences entreprit la description des arts et métiers, les académiciens allèrent dans différens ateliers pour voir travailler les ouvriers, et faire connaître au public leurs procédés.

On fut très-étonné de voir plusieurs de ces artisans quitter le rabot et la lime pour prendre la plume, et composer eux-mêmes des traités raisonnés de leur art, qu'on croirait l'ouvrage de mathématiciens ou de physiciens consommés.

J'ai vu jusqu'à un livre écrit dans la prison par un braconnier, de qui on avait exigé de révéler ses ruses et celles de ses camarades. Ce livre se lit avec plaisir, et il y a des traits qui ne dépareraient pas l'ouvrage d'un bel-esprit.

Ne regardons plus le peuple, dans notre siècle, du même œil qu'on le considérait dans les siècles passés.

Je ne prétends pas dire que tous les individus de la nation soient des gens instruits; mais je dis qu'il n'y a pas une classe d'hommes ni un coin de province où il ne se trouve des gens qui ont une façon de penser à eux, et qui sont capables de l'exposer et de la soutenir contre qui que ce soit.

C'est l'heureux effet de l'*art de l'imprimerie.* Il n'y a que trois siècles et demi que cet art existe ; ce n'est pas trop de tems pour avoir fait acquérir aux nations entières cette instruction dont il est tems de recueillir les fruits.

Je regarde donc comme un principe qui ne peut plus être contesté, que la liberté de la discussion est le moyen sûr de faire connaître à une nation la vérité, et je pose cette maxime comme un des principes fondamentaux de ce Mémoire.

Mais il reste à savoir si d'autre part cette liberté d'écrire n'a pas de si grands inconvéniens que, malgré les avantages qu'elle présente, il faille la limiter.

Les partisans zélés de la liberté diront sans doute que ceux qui sont si frappés de ces inconvéniens, sont ceux mêmes qui ont grand intérêt à ce que bien des vérités ne soient pas connues ; par exemple, les administrateurs de l'Etat, qui ont toujours eu une grande aversion pour les discussions qui pourraient soumettre leur conduite à la censure du public.

Mais n'allons pas trop loin.

Je conviens, moi qui suis un des plus anciens défenseurs de la liberté d'écrire, qu'on y fait des objections qui méritent d'être discutées, et il y a certainement des genres d'ouvrages qui ne devraient jamais voir le jour.

Comme, pendant plusieurs années, j'ai traité cette question contradictoirement avec les plus zélés partisans des gênes imposées à la littérature, je crois être en état d'exposer leurs objections, et je vais l'entreprendre.

On craint que cette liberté ne fasse paraître des ouvrages, 1° contraires aux bonnes mœurs ; 2° contraires à la religion ; 3° contraires aux principes du Gouvernement ; 4° contraires à l'honneur des citoyens : ces derniers sont ce qu'on appelle *les libelles diffamatoires*.

Quant aux ouvrages contraires aux mœurs, ils sont défendus par la loi naturelle, qui est la loi commune de toutes les nations, et on n'a pas besoin pour cela de réglement sur l'imprimerie.

Celui qui cause un scandale public, celui qui, dans un lieu d'assemblée publique, comme dans les cafés, dans le parterre des spectacles, même dans la rue, tiendrait hautement des propos indécens, serait puni dans tous les pays policés par la justice.

Celui qui, au lieu de parler, écrit et distribue des copies de ses écrits est également punissable, et il l'était avant que l'*art de l'imprimerie* fût découvert.

Depuis que l'art existe, l'auteur qui imprime, donne à ses écrits la plus grande de toutes les publicités, et, lorsque son ouvrage est contraire aux mœurs, il encourt plus que personne l'animadversion des lois.

Ainsi en rendant la presse libre, on n'assurera pas l'impunité aux auteurs qui imprimeraient ce qu'il n'est pas même permis de dire en public. On a imprimé des livres obscènes en Angleterre, où la presse est libre; on en a imprimé au moins autant en France et en Italie, où elle ne l'est pas.

On pourrait dire la même chose des trois autres classes de livres répréhensibles.

La liberté de la presse n'assurera pas non plus l'impunité à ceux qui exhortent le peuple à la révolte, qui entreprennent de détruire la religion ou qui insultent leurs concitoyens. De tels auteurs seraient punis comme rebelles, comme calomniateurs, s'ils n'étaient pas poursuivis pour le délit d'avoir imprimé sans permission.

Cependant il y a sur les livres de ces trois classes d'autres observations à faire que sur ceux qui sont contraires aux mœurs. La justice ne doit punir pour un délit que celui qui l'a commis à son escient : tels sont les auteurs de tous les ouvrages contraires aux mœurs : ils ne peuvent pas ignorer qu'ils causent un scandale punissable suivant toutes les lois.

Mais il n'en est pas de même des auteurs dont les livres sont répréhensibles à d'autres titres, comme les libelles diffamatoires.

Ne parlons pas encore de ceux-là : je réserve cet article pour le dernier. Parlons auparavant des ouvrages qu'on croit contraires à la religion ou aux principes du Gouvernement.

Il y en a peu dans lesquels on attaque de front les grands principes. Le plus grand nombre contient des maximes qui paraissent dangereuses à ceux qui gouvernent l'Etat et l'église ; mais l'auteur pourrait soutenir qu'il n'a pas vu ce danger, et quand on lui prouverait que ses propositions sont erronées, il soutiendrait également qu'il était de bonne foi, sans qu'on pût en justice lui prouver le contraire.

C'est pour empêcher les ouvrages de ce genre et la publication des opinions dangereuses, que les administrateurs de l'Etat et les ministres de la religion se sont réunis pour faire établir la règle de ne rien imprimer sans l'approbation expresse d'un censeur.

Si on leur avait opposé notre grand principe, que les opinions erronées seront un jour détruites par la liberté même de la discussion ; si on avait dit aux théologiens que les portes de l'enfer ne prévaudront jamais contre la doctrine de l'église, et aux ministres ou aux magistrats que l'examen des maximes du Gouvernement fera connaître quelles sont les meilleures, ce que tout souverain doit désirer, ils auraient répondu qu'en attendant que les vérités soient éclaircies, la discussion peut causer de grands troubles dans l'Etat et dans l'église.

Je crois que les craintes des uns et des autres doivent être moindres aujourd'hui que dans le tems que j'avais cette dispute à soutenir. La chaleur des discussions théologiques est bien apaisée depuis que le Gouvernement ne donne plus de lettres-de-cachet aux jansénistes, et que le parlement ne décrète plus les molinistes. La tolérance civile des non-catholiques, qui sûrement, dans peu d'années, sera généralement adoptée et mieux expliquée qu'elle ne l'est jusqu'à présent, contribuera encore à calmer les esprits, et diminuera le danger des livres sur la religion.

Quant à l'administration, nous sommes parvenus au moment heureux où le Roi lui-même demande les lumières de tous ses sujets : ainsi l'inquiétude que les auteurs causaient autrefois au Gouvernement, est à présent dissipée.

Je pense donc que les craintes qu'on avait de *la liberté de la presse* pour la religion et le Gouvernement, ont été souvent exagérées, et je ferai voir dans la suite qu'elles ont servi de prétexte à ceux qui voulaient exercer la singulière tyrannie de dominer sur les opinions de la nation.

Je pense aussi que ces craintes doivent être moins fortes aujourd'hui qu'autrefois.

Cependant il faut convenir, que même à présent, elles ne sont pas sans réalité; qu'il peut y avoir des livres dangereux sans que leurs auteurs soient punissables par la loi, et que, pour l'intérêt de la religion ainsi que pour la tranquillité de l'Etat, il faudrait empêcher de tels livres de paraître si cela se pouvait, sans tomber dans de plus grands inconvéniens.

Venons à présent à la quatrième classe de livres répréhensibles, qui sont les libelles diffamatoires et toutes les satires personnelles.

Mon grand principe, que la liberté fait éclore la vérité, n'a aucune application à ces libelles, parce que, sur cet objet, il n'y a point de vérité dont il faille instruire le public.

Le citoyen insulté n'a presque jamais de moyens d'administrer la preuve de la calomnie, parce que les faits négatifs ne se prouvent point, et la satire est une blessure cruelle dont la cicatrice ne s'efface jamais.

D'ailleurs, quand les injures seraient des vérités, c'est toujours un crime de les publier. Il est cruel de révéler au public les fautes et les faiblesses particulières, et il n'y a aucun motif de bien public pour autoriser cette cruauté.

Il serait donc bien désirable de pouvoir opposer des obstacles insurmontables à la licence des satires; mais par la nature des choses, cela est impossible.

Il n'y a nulle puissance sur la terre qui puisse empêcher les chansons, les épigrammes ni même les pamphlets assez courts pour qu'ils soit aisé d'en tirer des copies.

Louis XIV a été le plus respecté de tous les monarques, et le cardinal de Richelieu plus redouté que la plupart des monarques. La satire s'est exercée contre eux malgré la rigueur des lois, et a été impunie malgré la vigilance de la police.

Ce genre de satires courtes est le plus redoutable, parce que, non-seulement elles sont connues dans les tems, mais qu'on les retient.

Les libelles plus longs, qui ont besoin de l'impression pour être commodément distribués, ne s'impriment pas chez la puissance contre qui ils sont dirigés; mais lorsqu'ils sont assez intéressans pour mériter l'attention du public, on ne les évite pas.

Ils s'impriment en pays étranger, et entrent dans le royaume comme toute espèce de contrebande.

Voyons donc quel serait, sur la licence des satires personnelles, l'effet de ce qu'on appelle *la liberté de la presse*, c'est-à-dire, de la suppression de la loi qui soumet les livres à l'examen d'un censeur.

Il semble que pour en juger, il suffit de s'informer de ce qui se passe dans les pays où il n'y a pas de censure.

La calomnie, et même la diffamation qui n'est pas calomnieuse, n'est pas plus permise en Angleterre qu'en France; mais les livres n'y sont pas censurés.

Ceux qui prétendent bien connaître l'Angleterre, nous disent qu'un auteur satirique peut s'y permettre des diffamations sanglantes; que pourvu qu'il ne nomme pas celui qui en est l'objet, il peut le désigner si clairement que personne ne s'y méprenne, et qu'il ne craint pas l'animadversion de la justice, parce qu'on ne peut pas lui prouver légalement qu'il a eu quelqu'un en vue.

Il serait certainement fâcheux que *la liberté de la presse* introduisît le même abus en France; cependant ce malheur serait peut-être moins grand qu'on ne croit.

Ceci demande à être expliqué.

Si nos réglemens sur la presse empêchaient réellement la satire, je conviens qu'il serait cruel pour les particuliers de s'y voir exposés par la suppression de ces réglemens.

Mais, dans la vérité, si les traits de la satire sont lancés en France, c'est dans un libelle vendu sous le manteau, au lieu qu'en Angleterre le citoyen insulté voit le trait qui le concerne dans un livre débité publiment, où on a seulement supprimé les syllabes de son nom.

Pourquoi cette licence anglaise paraît-elle si affreuse à presque tous les Français, pendant qu'ils ne trouvent pas surprenant, et même qu'ils aiment assez que chez eux les personnages les plus respectables soient tympanisés dans une chanson? C'est que nous sommes accoutumés à l'un, et que nous ne le sommes pas à l'autre.

On regarde comme un affront pour un homme qui mérite de la considération, de se voir désigné dans une brochure, parce que cela fait croire qu'il n'a pas eu le crédit de l'empêcher (1).

Mais si c'était le sort de tout le monde, ce ne serait plus un affront pour personne, comme ce n'en est pas un en Angleterre.

J'entends dire qu'il n'y a pas un seul Anglais fait pour attirer l'attention, qui n'ait été plusieurs fois attaqué dans les pamphlets, et ces libelles sont si communs et si décriés, qu'on n'y fait plus d'attention ; c'est ce qui arriverait aussi en France.

---

(1) J'ai cependant vu M. de Maurepas, jouissant de toute la puissance de premier Ministre, non-seulement ne se pas venger d'un auteur qui l'avait insulté, mais ne pas même faire retrancher de l'ouvrage, qui se débitait publiquement, une injure violente et grossière contre sa personne et contre toute sa famille. Je rapporte cette anecdote, parce qu'elle fait également honneur au caractère et au bon sens de M. de Maurepas. Il jugea très-bien que le public y ferait moins d'attention quand lui-même paraîtrait n'en faire aucune.

Au reste, j'avertis ceux que la licence des pamphlets anglais effarouche, que je ne crois pas que la suppression de la censure en introduisît l'usage en France. Je m'expliquerai sur cela dans la discussion de la cinquième question. Je les prie de suspendre jusque-là leur jugement.

Je réitère ma profession de foi sur la satire personnelle ; je l'ai en horreur, excepté dans le seul cas où l'intérêt de l'Etat exige que l'homme criminel soit démasqué.

Dans ce cas, qui est fort rare, ce n'est plus une satire ; c'est en quelque sorte cette accusation publique, qui, dans quelques anciennes républiques, était déférée à tous les citoyens.

Mais la véritable satire me paraît un crime, et j'en ai vu des effets qui auraient dû causer de cruels remords à leurs auteurs, s'ils en étaient susceptibles. Je m'en suis expliqué souvent avec toute l'énergie dont je suis capable, et j'en ai fait des reproches amers à des hommes irréprochables sur tout le reste, peut-être aux plus grands génies de notre siècle, qui se la croyaient permise.

Je ne prétends donc pas dire qu'on dût la tolérer si on pouvait l'empêcher. Je dis seulement qu'on n'y a jamais réussi en France malgré la rigueur des réglemens ; que la satire s'y est toujours exercée aussi cruellement que dans les pays où la presse est libre, avec une légère différence, et il était nécessaire d'établir cette vérité pour que l'espérance illusoire de faire cesser les satires ne soit pas un obstacle à la liberté générale d'écrire, qui est demandée aujourd'hui par une grande partie de la nation.

Après avoir exposé les avantages et les inconvéniens de cette liberté, il faut faire l'application de ces principes au moment présent, à ce moment où la nation va être assemblée pour délibérer sur ses plus grands intérêts.

Je crois que tout le monde conviendra aujourd'hui qu'il est nécessaire que la discussion de tous les objets qui seront traités dans cette grande assemblée soit faite avec une liberté entière, puisqu'il n'y a que cette liberté qui, sur chaque question, fasse connaître la vérité.

Dira-t-on qu'il faut limiter la liberté aux objets qui doivent être traités dans les assemblées d'Etats? Mais quel est l'homme qui peut décider de ce qui est susceptible d'être traité dans ces assemblées? Et a-t-on trouvé un moyen pour déterminer sur quels objets la liberté doit être accordée sans préposer des censeurs qui, à l'occasion de chaque livre, traceront une ligne de démarcation? Si de tels censeurs étaient établis, pourrait-on dire qu'il y eût liberté?

Je ne crois pas nécessaire d'insister plus long-tems sur la nécessité de cette liberté pour l'assemblée qui va se tenir; je pense que ceux qui la composeront, et la nation entière, pour qui j'espère que l'assemblée sera inspirée, le sentiront assez sans qu'on les en avertisse; mais je vais aller plus loin.

Ne croyons pas que les membres de l'assemblée des Etats soient les seuls à qui il faille procurer des lumières.

Ils ne sont que les représentans de la nation. C'est de la nation entière qu'ils doivent recevoir des instructions. C'est à elle qu'ils doivent compte de leur mission; c'est donc la nation entière qu'il faut instruire, et elle ne peut l'être que par l'impression.

Une assemblée nationale, sans *la liberté de la presse*, ne sera jamais qu'une représentation infidèle, telles qu'ont été celles de nos anciens états-généraux, spécialement de ceux qui furent tenus sous le roi Jean, sous Henri III, sous Louis XIII, assemblées dont plusieurs résolutions furent désavouées dans le tems même par la plus grande partie de la nation, et aujourd'hui le sont unanimement par leur postérité.

Dans le tems de ces Etats, la liberté d'écrire n'aurait servi à rien. Du tems du Roi Jean, l'imprimerie n'était pas encore inventée, et sous Henri III et Louis XIII la plus grande partie de la nation ne lisait point.

Si la nation avait été instruite alors comme elle peut l'être aujourd'hui, elle n'aurait pas laissé en 1355 un petit nombre de bourgeois de Paris s'emparer, sous le nom des Etats, d'une autorité qui, étant en pareilles mains, devait nécessairement dégénérer en tyrannie; ce qui arriva réellement, et ce qui força cette nation à oublier tout ce qui avait été stipulé pour elle, pour ne songer qu'à se délivrer de ses faux représentans devenus les ennemis du Roi et du Peuple.

Si elle avait été instruite dans le tems de Henri III, elle n'aurait pas laissé les ligueurs se rendre les maîtres de la représentation nationale, forcer le Roi en 1576 à déclarer la guerre à une partie de ses sujets qu'on avait eu grand soin d'écarter de l'assemblée contre laquelle ils avaient toujours protesté, et en 1588, demander au Roi d'exclure de la succession à la couronne l'héritier légitime.

Si elle avait été instruite sous Louis XIII, elle n'aurait pas permis aux représentans des deux ordres de s'opposer au vœu de déclarer la couronne indépendante de la thiare

On attend tout de l'assemblée qui va se tenir. Pour que les espérances de la nation ne soient point déçues, il faut que ce soient ses véritables vœux qui soient portés par ses représentans aux pieds du trône. Il faut donc que cette nation dispersée reçoive des lumières qui lui parviennent jusque dans ses foyers, et c'est là ce qu'elle ne peut espérer que lorsque l'impression sera libre.

Je suis convenu des inconvéniens de cette liberté : c'est au législateur, et dans ce moment-ci, c'est à la nation, puisque le Roi l'appelle dans son conseil, à peser dans une juste balance, les avantages et les inconvéniens.

S'il y avait quelqu'expédient pour remédier aux inconvéniens sans nuire à la liberté nécessaire, il faudrait les adopter ; mais je doute qu'il y en ait, et on va le voir par l'exemple de ce qui se pratique au barreau.

La nécessité évidente fait souvent admettre par les hommes ce qui leur répugne le plus.

Dans le tems que j'avais des combats à soutenir pour *la liberté de la presse*, personne n'y était plus opposé que les magistrats : quelques-uns même firent rendre dans ce tems-là des lois si déraisonnables, qu'elles ne peuvent avoir été dictées que par la passion.

Telle fut celle de 1757, accordée sur la demande des premiers magistrats du parlement de Paris pendant la dispersion des autres. J'ose aujourd'hui donner à cette loi la qualification qu'elle m'a toujours paru mériter, parce qu'il n'y a plus personne qui la soutienne, ni aucun juge qui croie devoir la faire exécuter.

Depuis ce tems-là jusqu'au nôtre exclusivement, c'est-à-dire, jusqu'à ce moment où le parlement de Paris vient de demander *la liberté de la presse*, les magistrats n'ont cessé de foudroyer contre le scandale des livres et l'inexécution des réglemens ; et parmi les gens de lettres qui jouissent de la plus grande considération, et dont les ouvrages sont recherchés avec avidité, il y en a qui ont été frappés de ces sortes d'anathêmes qu'on prononce au palais comme en Sorbonne.

Cependant les magistrats eux-mêmes ont établi pour les Mémoires des avocats une liberté qui n'existe pour aucun des autres ouvrages qu'on imprime. Pourquoi? parce qu'il y a des principes dont on est intérieurement convaincu, lors même qu'on les combat théoriquement, et d'après lesquels on se conduit dans la pratique.

Tel est notre principe, que la liberté de la discussion est nécessaire pour connaître la vérité des opinions. Or, dans la plaidoirie, c'est la vérité qu'on cherche. On a senti qu'il fallait absolument y admettre la liberté.

Les avocats ne sont donc soumis à aucune censure; ils sont répréhensibles quand ils abusent de la liberté que leur donne leur ministère; mais on ne peut les condamner que quand il est prouvé qu'ils ont eu une autre intention que celle de défendre leur cause; ce qui ne se prouve presque jamais.

Ainsi les avocats jouissent en France à-peu-près de la même liberté que les auteurs en Angleterre (excepté dans les seules affaires où le corps même de la magistrature a pris parti, exception dont nous parlerons ailleurs.)

Mais dans les affaires ordinaires, ils sont libres : aussi se plaint-on souvent que cette liberté dégénère en licence, et ce reproche fait à quelques avocats français est peut-être aussi fondé que celui qu'on fait en Angleterre à quelques auteurs.

Il est très-vrai que plus d'une fois des avocats ont pris le prétexte de défendre leurs cliens pour se livrer à des satires personnelles : les juges et le public en ont été indignés ; mais on a senti qu'il serait trop dangereux de porter la moindre atteinte à la liberté de la plaidoirie, et on a grande raison ; car jusqu'à ces derniers tems, cette liberté d'être défendu dans les tribunaux est la seule qui soit restée en France. Cette considération majeure a fait passer par dessus les inconvéniens, et fermer les yeux sur l'abus.

Or, qu'est-ce que sera une assemblée d'états? Une grande et solennelle plaidoirie où les intérêts de la nation seront discutés.

Refusera-t-on à la nation cette liberté que les juges conviennent qu'il faut accorder à tous les particuliers? ou sera-t-on arrêté par la crainte des mêmes inconvéniens, qui jusqu'à présent n'ont pas semblé suffisans pour restreindre la liberté du barreau ?

Mais après avoir prouvé la nécessité de *la liberté de la presse*, il faut expliquer en quoi elle consiste, et quels réglemens il faut faire pour que l'impression soit réellement libre.

C'est ce qu'on verra dans la discussion des autres questions.

Bien des gens qui demandent la liberté n'ont peut-être pas encore porté leurs réflexions sur cet objet.

Nous verrons en même tems s'il y a des moyens pour arrêter la licence sans gêner la liberté ; moyens qui n'ont été trouvés ni en Angleterre ni dans le barreau de France.

CHAPITRE II.

QUESTION SECONDE.

Qu'est-ce qui doit résulter d'une tolérance contraire à la loi, c'est-à-dire, d'une administration où il y a des réglemens faits pour empêcher le débit des livres qui n'ont pas été permis, des lois pénales contre les délinquans, mais où la liberté et la licence sont établies, malgré les réglemens et les lois?

Il est absolument nécessaire de discuter cette question, car bien des gens croient qu'il est inutile de s'occuper de *la liberté de la presse*, puisque, dans le fait, tout s'imprime librement et se vend publiquement.

Il y a des partisans de la liberté qui trouvent qu'on a toute celle qu'on peut désirer, et des partisans de la contrainte, qui trouvent qu'il n'y a que trop de liberté.

Je crois pouvoir prouver aux uns et aux autres, que rien n'est plus mauvais qu'une tolérance contraire à la loi.

Il n'est pas vrai qu'on y ait la liberté nécessaire pour faire connaître à la nation les vérités qui l'intéressent, parce qu'il n'y a qu'un petit nombre d'écrivains qui usent de cette tolérance ; et pour que les questions soient éclaircies, il faut que tout le monde soit admis à la discussion.

En France, dans l'état actuel, il y a beaucoup de matières sur lesquelles aucun censeur ne donnerait publiquement son approbation à quelque ouvrage que ce soit. La loi entraîne donc la défense de rien écrire sur ces matières.

Dans tous les tems et malgré toutes les lois, il y a eu des auteurs qui ont eu la hardiesse d'écrire sur ces matières délicates : ce sont ceux qui se croient hommes de génie, et à qui un amour ardent de la gloire fait courir tous les risques.

Dans un tems de tolérance contraire à la loi, le nombre de ces auteurs devient fort grand. Tous les étourdis, tous ceux qu'on nomme *têtes chaudes*, *têtes exaltées*, écrivent et se permettent tout, en comptant sur l'inaction du Gouvernement et de la Justice

Mais il est un grand nombre d'autres gens

très-capables d'écrire, qui n'impriment jamais quand il y a une loi qui le défend : ceux-là sont des auteurs modestes et raisonnables, qui n'ont pas un amour de célébrité assez violent pour y sacrifier leur tranquillité.

La tolérance contraire à la loi nous prive des ouvrages des auteurs de ce caractère, et ce sont quelquefois ceux qui seraient le plus utiles au public.

Ils sont nécessaires au moins pour révéler les erreurs dans lesquelles tombent quelquefois les génies ardens, soit parce que l'homme le plus savant ne sait pas tout, soit parce que souvent le génie est joint à une imagination vive, et que celui qui croit avoir enfanté une grande idée ne discute pas avec patience les objections qui pourraient détruire son chef-d'œuvre.

Je vais rendre cela sensible par l'exemple de ce qui s'est passé récemment au sujet des lois criminelles. Presque tout le monde pense, non-seulement en France, mais dans toute l'Europe, qu'il y aurait des changemens à faire dans cette partie de notre législation.

Il me semble qu'il n'y a aucune matière sur laquelle il dût être plus permis d'écrire que sur les lois qui régissent les particuliers.

Celui qui critique la loi ne dit pas qu'il faille y désobéir pendant qu'elle existe, et ses observations ne portent aucune atteinte à l'autorité du législateur ni des magistrats.

C'est au Souverain qu'on demande une loi nouvelle, et on demande aux magistrats d'y concourir par leur enregistrement quand la loi sera envoyée par le Roi.

L'amour-propre de personne ne doit même être offensé dans cette discussion. Les lois dont on demande la réformation sont faites depuis plus de cent ans : ceux qui y ont eu part n'existent plus. Si quelqu'un s'intéressait à leur mémoire, il pourrait dire (et je crois qu'il dirait avec grande raison) que la loi qui a été bonne dans un siècle, peut avoir besoin d'être corrigée dans un autre.

Je pense que ce n'est que dans les livres exposés à l'examen de toute la nation, que cette discussion peut être bien faite.

Le suffrage des magistrats consommés dans l'exercice de leur profession doit être du plus grand poids ; cependant si on n'entendait qu'eux, je craindrais qu'on ne réformât jamais rien, 1° parce que le plus souvent ces magistrats sont trop occupés pour méditer sur ces importans objets avec toute l'attention qu'il mérite ; 2° parce qu'il n'est presque pas possible qu'on n'ait pas quelque préjugé en faveur d'une loi lorsqu'on a passé toute sa vie à l'étudier, à la commenter et à la faire exécuter.

Quand le frère Cosme, ce grand bienfaiteur de l'humanité, a proposé son *Lithotome*, tous les chirurgiens se sont récriés contre cette innovation.

La faculté de médecine a autrefois proscrit l'*antimoine*, parce que les anciens docteurs n'étaient pas accoutumés à en faire usage.

Cette obstination pour ce qu'on a toujours fait s'est manifestée même dans les sciences démontrées.

Lorsque le *calcul infinitésimal* a été inventé, il y a eu des mathématiciens célèbres qui se sont refusés aux démonstrations pendant toute leur vie.

S'il y a eu des réformations à faire sur les lois qui intéressent la fortune, l'honneur et la vie de tous les citoyens, il est juste que tous les citoyens soient admis à proposer leurs vues ; mais bien entendu qu'ensuite les ministres de la loi seront consultés, et qu'ils pourront opposer de solides réflexions à des systèmes enfantés trop légèrement, et leur expérience aux spéculations de ceux qui entreprennent de réformer l'exercice de la justice sans l'avoir jamais pratiqué, et l'ordre des tribunaux sans les connaître.

Il est difficile que de bonnes lois soient l'ouvrage d'un seul homme, parce que celui qui les propose est presque toujours trop prévenu de ses premières idées, et ne considère les objets que sous une seule face.

Je crois qu'il est très-utile que les questions soient agitées par les gens de différens états, qui n'aient pas tous les mêmes préventions.

Il est souvent bien à désirer que ceux qui s'occupent d'objets si intéressans cherchent à éclairer le public plutôt qu'à l'échauffer, et qu'ils ne se livrent pas à des invectives dont l'effet immanquable est d'irriter ceux qui ne pensent pas comme eux, et de faire dégénérer la discussion la plus intéressante pour l'humanité dans une querelle de parti.

Il y a quelques années que je me flattais

qu'il allait s'élever une discussion de ce genre sur la procédure criminelle.

Quelques auteurs, du nombre de ceux qui ne cherchent pas à enflammer le public par la chaleur de leur style, proposèrent modestement leurs doutes sur nos ordonnances, et leurs vues sur les changemens qu'on pourrait y faire.

Ces écrits ne firent pas beaucoup de bruit : c'étaient de premiers essais, où un petit nombre de questions seulement étaient traitées. Je ne pensais pas qu'on dût adopter toutes les idées de ces auteurs; mais il y en avait quelques-unes de très-sages.

J'espérais que ces premières dissertations en feraient paraître d'autres, et que, dans quelque tems, toutes les questions se trouveraient éclaircies, ayant été discutées sans passion et sans enthousiasme.

Je ne sais quelle inquiétude ou quel esprit prohibitif s'empara tout d'un coup du Gouvernement et de quelques magistrats.

Ils craignaient peut-être que l'usage de critiquer les lois ne diminuât le respect dû à leurs interprètes. On craignit aussi que les gens de lettres, à qui leurs amis et leurs ennemis donnent également le nom de *phi-*

losophes, ne se mêlassent dans cette dispute, et n'y portassent une véhémence qu'ils ont montrée dans quelques-uns de leurs ouvrages.

Ce qui est certain, c'est qu'on demanda et on obtint une défense de ne rien imprimer sur les changemens dont nos ordonnances seraient susceptibles ; et cette défense a produit précisément l'effet qu'on voulait éviter.

Ceux qui se piquent de philosophie n'ont pas moins écrit. On a condamné leurs ouvrages, ce qui n'a fait que rendre leur cause plus favorable aux yeux du public ; et les principes qu'ils ont établis n'ont point été discutés par d'autres, parce que ceux qui étaient en état de les contredire sont des gens paisibles, qui n'écrivent point malgré les réglemens.

On entendait d'un côté des diatribes et des sarcasmes ; de l'autre, des réquisitoires et des arrêts. Les gens raisonnables, qui sont habitués à disserter de sang-froid, et à chercher, entre les différentes opinions, le milieu, où se trouve ordinairement la vérité, n'ont pas voulu se mêler dans cette querelle.

Il en résulte que la nation n'est instruite, jusqu'à présent, que par des auteurs qui ont beaucoup d'esprit et d'éloquence, mais qui sont trop peu versés dans la matière qu'ils ont traitée.

Si la réformation de notre procédure civile et criminelle n'est pas proposée dans la première assemblée des états-généraux, elle le sera vraisemblablement dans les suivantes; et il est bien à désirer que d'ici là toutes les questions aient été traitées froidement, et, pour ainsi dire, le compas à la main; en sorte que les représentans de la nation ne soient pas entraînés par les partisans d'une opinion qui n'aura point été assez débattue.

La réformation de l'abus de la justice et la correction des ordonnances ne seront pas les seuls objets dont on s'occupera dans les assemblées nationales. Il faut que la nation soit instruite d'avance sur tout ce qui l'intéresse, qu'elle le soit par des gens de différens états et de différens caractères. Il faut donc embellir les lois prohibitives, qui empêchent beaucoup de gens éclairés d'écrire ce qu'ils pensent, quoiqu'il y en ait d'autres qui ne sont point arrêtés par cet obstacle.

Je me suis engagé à prouver aussi à ceux qui regardent la licence des livres comme le plus grand danger, que rien n'est plus contraire à leurs intentions qu'une tolérance contraire à la loi.

Cela résulte évidemment de ce que nous venons de dire.

Les adversaires de la *liberté de la presse* craignent que des auteurs téméraires n'en profitent pour présenter au public des nouveautés dangereuses.

Il est vrai que, dans un tems comme celui-ci, il y a des auteurs qui profitent de la tolérance établie pour écrire très-hardiment, et qui attaquent sans ménagement les maximes que leur ancienneté faisait respecter; mais ce qui est encore plus fâcheux, c'est que la défense de la loi imposant silence à ceux qui pourraient les contredire, le champ de bataille leur reste, et que le public s'accoutume à regarder les nouvelles opinions comme des vérités qui ne sont pas contestées.

CHAPITRE III.

QUESTION TROISIÈME.

Comment et pourquoi la tolérance contraire à la loi s'est-elle établie au point où elle l'est en France depuis quelques années ?

La raison en est toute simple : c'est qu'il n'y a point de loi qui soit exécutée lorsqu'une nation entière cherche à favoriser la fraude, et que le Gouvernement lui-même reconnaît qu'il faut souvent fermer les yeux ; et c'est ce qui est arrivé en France dans le commerce de la *librairie*

La loi est qu'on ne doit imprimer ni vendre aucun livre sans une permission expresse du Gouvernement, et le Gouvernement a refusé la permission expresse à un très-grand nombre de livres, qui sont ceux que le public désire avec le plus d'ardeur.

Il l'a refusée non-seulement à ceux qu'on

désire pour l'amusement ou par une sorte de libertinage d'esprit qui est à présent très-commun en France, mais encore à ceux qui sont reconnus nécessaires pour l'instruction; en sorte qu'un homme qui n'aurait jamais lu que les livres qui, dans leur origine, ont paru avec l'attache expresse du Gouvernement, comme la loi le prescrit, serait en arrière de ses contemporains presque d'un siècle.

Il s'ensuit que ceux qui se récrient le plus contre la licence des livres, font eux-mêmes leur lecture principale de ceux que la loi a défendus.

La plupart de ces livres, devenus nécessaires, sont permis aujourd'hui. La permission a été accordée par le laps de tems, lorsqu'on a vu qu'ils étaient dans les mains de tout le monde, malgré les défenses.

Mais il est toujours vrai que, dans l'origine, le Gouvernement n'a osé leur donner le consentement exprès, qui suivant les lois, est nécessaire pour la publication.

Il y en a quelques-uns pour lesquels il n'y a pas même aujourd'hui de permission expresse, que cependant on laisse vendre dans les boutiques, étaler dans les rues, annoncer dans les catalogues imprimés de vente de livres, parce qu'on sait qu'il serait inutile et même ridicule de vouloir s'y opposer.

Veut-on que j'en donne des exemples? Beaucoup d'ouvrages attribués à M. de Voltaire scandalisent les gens de bien. Ce ne sont pas certainement ceux-là dont je dis que la lecture est nécessaire ; mais personne ne peut nier qu'une grande partie des ouvrages de cet auteur célèbre ne soient pour les Français des livres classiques, qu'il n'est pas permis à un homme qui a eu de l'éducation de ne pas connaître.

La Henriade est de ce nombre. Tous les jours une mère pieuse la fait lire à sa fille, lui en fait même apprendre par cœur quelques morceaux.

Eh bien! *la Henriade*, dans l'origine, n'a été revêtue en France d'aucune permission. Toutes les premières éditions ont été faites, ou en pays étranger, ou frauduleusement en France. Ce n'est que lorsque ce poëme a été entre les mains de tout le monde, qu'on a osé donner une permission expresse.

L'Histoire du siècle de Louis XIV, du

même auteur, est encore un livre qu'il est nécessaire de lire. Il n'y a aucun censeur qui eût osé y donner son approbation dans l'origine.

Celui qui aurait eu cette imprudence se serait fait des querelles avec toutes les puissances.

Ce n'est que depuis que ce livre a paru, qu'il a fait son effet et que tout le monde l'a lu, qu'on l'a permis expressément.

Télémaque est aujourd'hui celui de tous les ouvrages profanes dont les gens de bien recommandent le plus la lecture ; ils le regardent comme un des livres les plus propres à inspirer à la jeunesse les principes de la plus saine morale.

Tant que Louis XIV a vécu, ceux qui avaient ce manuscrit n'auraient osé se permettre de le communiquer.

On dira que ce pouvait être alors l'effet de la disgrace personnelle de l'auteur ; mais les premières éditions faites sous le règne suivant ne l'ont été qu'en pays étranger : il n'y avait pas encore de censeur qui osât l'approuver en France.

L'esprit des Lois est d'un genre différent. Je ne dirai pas de ce livre, qu'il soit fait pour être mis entre les mains des enfans; mais on peut bien dire, depuis deux ans, qu'il n'y a point de magistrat ni de citoyen aspirant à être admis dans les assemblées nationales, qui ne doive le lire et en faire l'objet de ses méditations, sans cependant se croire obligé d'en adopter les principes.

Je sais que les magistrats, c'est-à-dire, seulement ceux de France, ont été long-tems sans permettre qu'on citât cet auteur au nombre des jurisconsultes, quoique dans le même tems son autorité fût d'un grand poids chez les jurisconsultes étrangers.

Mais à présent il a été souvent cité dans l'assemblée des notables, et quelquefois son nom seul a semblé donner de l'autorité à ses opinions.

Il sera sûrement aussi très-souvent nommé, et sa doctrine sur bien des points approuvée ou contredite, mais certainement discutée dans les assemblées nationales. *L'Esprit des Lois* est donc un livre nécessaire.

Quand ce livre parut, on n'imagina seulement pas d'en demander la permission, et ce qui s'est passé à ce sujet mérite d'être rapporté pour faire voir comment on évite la rigueur des réglemens de la *librairie.*

Le président de Montesquieu n'avait pas, comme quelques autres grands génies, la manie d'ajouter à sa célébrité celle que donne la persécution.

Il prit le parti de travailler en secret pendant vingt années, et n'eut pas la puérile vanité d'aller recueillir des applaudissemens dans des lectures de société.

Quand l'ouvrage fut fait, il donna son manuscrit à quelqu'un qui demeurait à Genève, et ne se mêla point de l'édition.

L'ouvrage parut dans ce pays de liberté, sans que M. de Montesquieu contrevînt aux lois de son pays. C'est ainsi qu'il assura sa tranquillité sans perdre rien pour sa gloire.

Son nom ne fut pas mis au frontispice ; mais son caractère était imprimé à chaque page. Personne ne put méconnaître l'auteur des *Considérations sur la grandeur et la décadence des Romains.*

Cet ouvrage fut desiré avec ardeur en France, et il y pénétra. Tout homme capable de penser le lut avec avidité. Les lecteurs les plus frivoles voulurent l'avoir pour faire croire qu'ils l'avaient lu.

Quand toutes les bibliothèques en furent fournies, on prit le parti de permettre des éditions de tous les ouvrages de l'auteur, dont celui-là et les *Lettres persanès*, aussi défendues dans l'origine, font partie.

On se souvient que quand le président de Montesquieu fut de l'Académie, il n'avait pas encore fait les *Considérations sur les Romains*. Son seul titre était *les Lettres persanes*, qu'il n'avouait pas, et qui étaient pour les gens pieux un sujet de scandale ; cependant les évêques et les magistrats académiciens, qui avaient fait proscrire le livre, donnèrent leur suffrage à l'auteur.

Au reste, ce n'est pas une chose nouvelle en France, de voir un ouvrage condamné, être cependant un ouvrage nécessaire aux magistrats, puisque ceux de Dumoulin, le plus grand de nos jurisconsultes, ont été long-tems le livre le plus sévèrement défendu par l'église, aux décisions de qui la Cour de France a été souvent très-docile.

La nécessité a cependant fait permettre en France des éditions de toutes les œuvres de Dumoulin, malgré l'*Index* de Rome et les censures du clergé. Dumoulin personnellement a été souvent persécuté, même en France, pour les mêmes ouvrages que nous regardons à présent comme le fondement de notre doctrine.

Revenons au tems présent.

L'*Encyclopédie*, si sévèrement proscrite quand elle a paru, et dont plusieurs articles sont encore fort désapprouvés par des personnes d'un grand poids, est cependant un livre nécessaire. On discute tous les jours des questions intéressantes de beaucoup de genres, pour lesquelles il faut recourir au témoignage de l'*Encyclopédie*.

Quelques ouvrages de J. J. Rousseau ont été condamnés, et l'auteur décrété de prise-de-corps. Il a reparu depuis à Paris sans s'assurer du consentement de personne, et une sorte de pudeur a empêché de mettre le décret à exécution. Je crois qu'il n'aurait pas été fâché de subir un procès criminel, où son interrogatoire aurait été une thèse.

Je l'ai connu personnellement, et tout le monde le connaît depuis qu'il s'est peint lui-même. Il se sentait le courage du martyre; il voulait en avoir la gloire. Je suis persuadé que la plupart des juges qui l'ont condamné, seraient bien fâchés d'être privés de la lecture de ses ouvrages.

M. Humes est regardé assez généralement en France comme le modèle des historiens sages et impartiaux, et depuis que toute la nation française parle de la *constitution*, et a été même invitée par le Roi à s'en occuper, il faut s'instruire dans cet auteur de celle de son pays, soit pour en prendre ce qui peut nous être utile, soit pour rejeter ce qui ne s'accorde pas avec nos mœurs et nos lois.

M. Humes avait des préjugés contre la religion catholique et en faveur des lois de son pays; mais sa religion et sa patrie étant connues, on est en garde contre son témoignage sur ces deux objets, et cela suffit.

On nous fait bien lire, dès notre enfance, des auteurs anciens grecs et latins, tous païens, et dont plusieurs sont passionnés pour les maximes les plus contraires aux gouvernemens monarchiques.

Cependant la traduction des ouvrages de Humes n'a pu paraître en France qu'avec des permissions tacites, ainsi contre la disposition des lois du royaume.

Une partie des ouvrages du vertueux abbé de Mably et de son frère l'abbé de Condillac, un des plus grands philosophes de notre siècle, et philosophe choisi, comme Aristote et Fénélon, pour présider à l'éducation d'un prince, n'ont aussi paru qu'avec des permissions tacites.

Je ne parlerai pas des auteurs vivans ni de beaucoup d'autres : on ne finirait pas si on voulait donner l'énumération des livres que personne ne se fait scrupule de lire, que personne ne peut se dispenser de lire, et qui cependant n'ont jamais été permis légalement.

Il n'était pas possible que cela ne produisît pas ce que nous voyons aujourd'hui.

La loi défendant les livres dont le public ne peut pas se passer, il a bien fallu que le commerce de la *librairie* se fît en fraude de la loi.

La plupart des imprimeurs et libraires sont fraudeurs, parce que sans cela ils ne vendraient rien. La plupart des particuliers qui aiment les livres, favorisent la fraude, parce que sans cela ils ne pourraient pas lire les meilleurs livres, ou qu'ils ne les liraient que dix ans trop tard.

C'est à la faveur de cette fraude établie pour des livres qui, suivant la loi de la raison, ne devraient pas être défendus, qu'on débite avec impunité ceux qui, suivant les lois de la morale, ne devraient pas être permis.

Voilà en peu de mots ce qui a dû arriver, et ce qui est réellement arrivé.

Si ce peu de mots ne suffisent pas, si on n'est pas assez convaincu que c'est là l'unique cause de l'inexécution des réglemens, il faut mettre sous les yeux de ceux qui liront ce Mémoire, le tableau de ce qui s'est passé depuis long-tems dans la *librairie*, et s'y passait encore de mon tems. Je ne sais pas ce qui s'est fait depuis.

Ce tableau sera peut-être fastidieux pour ceux qui n'en ont pas besoin, parce qu'ils sont d'accord de la vérité de ma proposition; mais il faut le donner pour ceux qui en doutent.

Il y a un petit nombre d'imprimeurs et de libraires dont le commerce est restreint à de certaines matières : tels sont ceux qui fournissent le Palais, n'impriment et ne vendent que des arrêts, des *Factum*, quelques traités de jurisprudence-pratique; tels sont aussi ceux qui n'impriment que des almanachs, des livres d'heures, etc.; ceux qui impriment pour les colléges, les ouvrages classiques à l'usage des maîtres et des écoliers.

Il y en a encore quelques autres qui sont adonnés uniquement à quelque branche du commerce de la *librairie*.

Enfin, il y a des libraires, riches propriétaires des priviléges des anciens livres, qui n'emploient leurs presses qu'à en faire de nouvelles éditions. Je conviens que tous ceux-là ne font pas de fraude; ils n'ont pas besoin d'en faire.

Mais il n'en est pas de même des autres libraires, qui sont le plus grand nombre. Leurs spéculations sont d'acquérir le manuscrit d'un auteur, en tâchant de prévoir le débit qu'il aura, et leur fortune est d'en trouver qui aient une grande vogue. Quand ils ont vu que, depuis long-tems, ceux qui ont bien fait leurs affaires le doivent à des ouvrages pour lesquels il n'a pas été donné de permission, il n'est pas étonnant que tous aient voulu prendre le même parti.

Ceux qui craignaient de se compromettre, n'ont rien voulu faire à l'insu du chef de la justice ou de celui qui est préposé par lui, que les libraires nomment *le magistrat de la librairie.*

On ne voulait pas leur donner la permission prescrite par la loi, qui doit être scellée et imprimée avec le livre, ainsi que l'approbation du censeur.

Cependant il y avait beaucoup de ces ouvrages qu'il fallait absolument qui parussent en France. Il n'était pas juste que le libraire de bonne foi, qui venait de faire sa confession au magistrat, fût privé du gain qu'un fraudeur ferait sur le même livre, et l'intérêt du commerce ne permettait pas non plus qu'on laissât tous les jours les libraires étrangers s'enrichir, par le débit de ces livres, au préjudice des libraires français.

C'est ce qui a fait imaginer les *permissions tacites*. Comme tout le monde ne sait pas bien ce que sont ces permissions tacites, il faut l'expliquer.

Je ne sais pas avec certitude dans quel tems l'usage s'en est établi ; il l'était depuis long-tems quand je fus chargé de la *librairie*. J'en parlai à M. d'Argenson, qui avait eu la même fonction dont on venait de me charger, et qui avait été presque depuis sa naissance dans tous les secrets de l'administration, puisqu'il avait été lieutenant de police dès le tems de la régence.

Il me dit qu'il en avait toujours vu donner. Ainsi je crois qu'elles ont commencé à peu près dans le tems de la mort de Louis XIV.

Les permissions tacites, ainsi que les permissions publiques, ne sont données que sur le rapport d'un censeur, qui signe son approbation et paraphe le manuscrit ou un exemplaire imprimé, et la liste en est déposée à la chambre syndicale des libraires de Paris.

Il n'y a donc de différence entre ces permissions illégales et les autres, qu'en ce qu'elles ne passent pas au sceau, et que le public ne voit pas le nom du censeur.

Je crois que cette forme a été introduite pour que, d'une part, le libraire et l'auteur eussent leur décharge, et que, d'autre part, les censeurs fussent à l'abri des plaintes importunes et souvent très-déraisonnables de tous les particuliers qui croient avoir à se plaindre d'un livre.

Par ces permissions, dont il y a un registre, le censeur qui a eu tort n'est pas soustrait à la répréhension du Gouvernement qui lui a donné sa mission ; mais quand les plaintes sont ridicules, ce qui arrive souvent parce que personne n'est raisonnable sur l'intérêt de son amour-propre, le censeur n'a pas de querelle personnelle.

Si ces permissions n'ont pas été en usage du tems de Louis XIV, comme je le crois, c'est peut-être parce qu'alors les particuliers n'auraient pas pris à partie ceux qui avaient la confiance du Gouvernement.

Ce sont là des conjectures ; car je n'ai aucun mémoire précis sur ce qui a donné lieu aux premières permissions tacites.

Si ce sont là les motifs, j'aurais cru qu'il valait mieux rendre ces permissions légales en retranchant des réglemens de la *librairie* la clause qui ordonne que la permission et l'approbation soient imprimées.

Mon premier mouvement fut de le demander quand je fus chargé de cette administration.

Mais souvent en France on a pour les lois un respect d'un genre fort singulier. Quand on y voit des inconvéniens, on ne veut pas les changer, et on aime mieux permettre qu'elles ne soient pas exécutées.

On me répondit que la nécessité des permissions tacites était reconnue par le Gouvernement ; qu'elle l'était même par les parlemens, contradicteurs habituels de l'administration ; qu'ils savaient qu'elles existaient ; que cependant ils ne poursuivaient jamais comme imprimés en fraude les livres permis dans cette forme, mais qu'ils ne consentiraient point à enregistrer la loi que je leur proposais.

Quoi qu'il en soit, on voit que ce fut le

Gouvernement qui apprit lui-même aux libraires et imprimeurs qu'ils pouvaient contrevenir à une loi précise.

Mais on ne s'en tint pas à ces permissions inscrites sur un registre.

Nous avons observé dans le commencement de ce chapitre, que le changement dans les opinions du public est tel, que le même livre qui dans un tems a paru à presque tout le public un ouvrage condamnable, est regardé dix ans après comme un livre excellent et nécessaire.

J'ai osé dire aujourd'hui cette vérité parce qu'elle est démontrée par cinquante ans d'expérience ; mais autrefois tout le public en aurait été effarouché.

Elle n'avait cependant pas échappé à plusieurs magistrats éclairés qui avaient été chargés de la *librairie*, comme M. d'Argenson du tems de M. le chancelier d'Aguesseau, et M. de Chauvelin, que nous avons vu depuis intendant des finances du tems du garde des sceaux son parent.

Souvent on sentit la nécessité de tolérer un livre, et cependant on ne voulait pas avouer qu'on le tolérait ; ainsi on ne voulait donner aucune permission expresse :

par exemple , c'est ce qui arrivait lorsqu'il avait été fait en pays étranger une édition de quelques livres qui déplaisaient au clergé, et par conséquent à un cardinal ministre , et que cette édition s'était répandue en France malgré les obstacles qu'on y avait opposés.

Dans ce cas et dans beaucoup d'autres on prenait le parti de dire à un libraire , qu'il pouvait entreprendre son édition , mais secrètement ; que la police ferait semblant de l'ignorer et ne le ferait pas saisir ; et comme on ne pouvait pas prévoir jusqu'à quel point le clergé et la justice s'en fâcheraient, on lui recommandait de se tenir toujours prêt à faire disparaître son édition dans le moment qu'on l'en avertirait, et on lui promettait de lui faire parvenir cet avis avant qu'il ne fût fait des recherches chez lui.

Je ne sais pas bien quel nom donner à ce genre de permission, dont l'usage est devenu commun. Ce ne sont proprement que des assurances d'impunité.

Ce n'est pas le magistrat de la *librairie* qui donne cette assurance au libraire, c'est le lieutenant de police.

C'est entre les mains de ce magistrat que sont à Paris tous les moyens d'exécution, et

Paris est le centre du commerce de la *librairie française ;* ainsi il n'y a que lui qui puisse promettre à un libraire de le mettre à l'abri des recherches.

Il y a encore une autre raison pour que ce soit lui. On demande quelquefois des permissions sur lesquelles on ne peut se déterminer sans savoir les intentions personnelles du Roi ou de ceux en qui il a mis sa principale confiance, et c'est ordinairement le lieutenant de police qui est dans toutes les confidences.

J'aime toujours à rendre ce que je dis sensible par des exemples.

On a voulu que les *Lettres de madame de Maintenon* fussent imprimées. J'assure qu'on le voulait quoique je n'aie pas été dans le secret ; car si on ne l'eût pas voulu, les personnes les plus attachées à la cour n'auraient pas fourni des matériaux à l'éditeur. J'en ai encore eu d'autres preuves qui ne m'ont pas permis d'en douter.

Ce fut en pays étranger qu'on fit l'édition ; mais pour la faire vendre en France, on promit impunité aux libraires et à l'auteur. On laissa réellement vendre le livre, mais on ne tint pas parole à l'auteur. Je n'ai pas su pourquoi ; je sais seulement que cet auteur avait des affaires de plus d'un genre à démêler avec la police, et que les punitions de la police ont quelquefois une cause réelle différente de la cause ostensible.

Or, il fallait être admis dans les secrets pour s'assurer que le Roi ne trouverait pas mauvais qu'on laissât paraître cet ouvrage, où le mariage secret de Louis XIV, dont on avait douté jusqu'alors, est articulé avec toutes ses circonstances.

C'est donc au magistrat seul de la police qu'on s'adresse en pareil cas, et dans beaucoup d'autres.

Lorsque ce magistrat n'a pas confiance dans la discrétion du libraire, il ne lui parle pas lui-même ; c'est par des subalternes qu'il lui fait assurer l'impunité.

Il y a eu quelquefois des libraires à qui il est arrivé malheur pour avoir trop compté sur ces tolérances présumées.

Il est aisé de voir ce qui a dû arriver de cette administration clandestine.

Nous avons déjà remarqué que les magistrats de la *librairie* avaient autorisé les libraires à contrevenir aux réglemens : on voit à présent que le magistrat de la police les encourageait à prendre des mesures pour échapper aux recherches de la justice.

En effet, les assurances d'impunité ne sont inscrites sur aucun registre des officiers de la chambre syndicale, comme les *permissions tacites.* Il faut donc que le libraire trouve le moyen de se mettre à l'abri de l'inspection de ces officiers.

Suivant les réglemens, les libraires ne doivent avoir le dépôt de leurs livres que dans leurs boutiques ou dans des magasins connus des syndic et adjoints qui ont droit d'y faire des visites.

Les livres imprimés hors de Paris ne doivent y entrer qu'avec des *acquits à caution*, par lesquels on s'oblige à les faire porter à la chambre syndicale où ils sont examinés.

Il faut donc, lorsqu'on n'a point de permission expresse, avoir des magasins secrets qui ne soient connus de personne. Il faut aussi avoir pour complices des gens qui sachent faire entrer des livres en fraude, comme toute autre espèce de contrebande.

De plus, ceux par qui se fait ce débit en détail dans Paris, sont les colporteurs qui vont dans les maisons, et les petits marchands qui vendent dans les rues, dans les passages fréquentés, dans les maisons royales; tous ces gens-là sont obligés d'user des mêmes moyens que le libraire qui a fait l'entreprise.

Or, ces distributeurs subalternes ne sont pas dans le secret de la police : ce n'est que par la confiance qu'ils ont dans le libraire qui leur a donné des livres à vendre, qu'ils se croient sûrs de la tolérance.

Il y en a quelquefois qui sont pris pour avoir débité des livres que le Gouvernement voulait sérieusement défendre. On les met en prison, on les ruine eux et leur famille, et ces malheureux sont bien dignes de pitié; car ils ne peuvent pas juger par eux-mêmes si une brochure mérite l'animadversion de la police. Ils sont punis pour avoir fait une fois ce qu'ils faisaient tous les jours, et ce que leurs camarades font comme eux, sans que la police l'ignore.

Observons que ce ne peut pas être pour un seul livre qu'on loue à l'année des magasins secrets, qu'on établit des correspondances avec les marchands de province, avec des voituriers, avec les distributeurs subalternes de Paris.

Ce n'est que pour un commerce illicite habituel qu'on a un établissement de fraude tout monté, et la police n'ignore pas que ceux à qui elle donne des assurances d'impunité, ont cet établissement de fraude, puisqu'ils ne peuvent pas s'en passer.

La police le tolère en faveur du grand nombre de livres qu'elle n'ose pas permettre, et que cependant un administrateur éclairé sait bien qu'on ne peut empêcher.

Mais lorsqu'un libraire ou un colporteur a de tels moyens entre les mains et est dans l'habitude de s'en servir, croit-on qu'il n'en fera pas usage lorsqu'il croira faire une bonne affaire par le débit de quelqu'un des livres qu'on ne voudrait pas tolérer, de ceux même qui, dans tous les pays du monde sont regardés comme des livres infâmes et punissables ?

Je ne connais pas l'Angleterre, mais je ne crains pas d'assurer que, malgré *la liberté de la presse* qui y est établie, un libelle véritablement scandaleux n'y serait ni permis ni impuni.

Il en a cependant paru quelques-uns, car la fraude se fait par-tout.

Je ne sais pas comment les fraudeurs s'y prennent en Angleterre, mais je suis persuadé qu'ils y trouvent plus de difficultés qu'on en trouve en France depuis dix ans, parce que les libraires anglais, accoutumés à un commerce pour lequel ils ne craignent pas d'être inquiétés par la justice, ne se sont pas, à ce que j'imagine, préparé des moyens de fraude comme en France.

J'ai dit aussi qu'en France le commerce illicite de livres est favorisé par le public entier ; je peux ajouter qu'il est quelquefois protégé par les personnes les plus considérables.

Cela n'est pas étonnant. La lecture est l'aliment de l'esprit, et la lecture d'un grand nombre de livres qu'on ne permet pas, est devenue, pour la plupart des lecteurs français, un aliment nécessaire.

Les libraires et colporteurs qui ont souvent des affaires fâcheuses à craindre, cherchent à se faire des protecteurs pour l'occasion. Cela leur est aisé en procurant aux amateurs les livres qui sont encore rares. Ils mettent quelquefois dans leurs intérêts ceux même dont ils craignent la rigueur.

Les ministres d'Etat, les évêques qui donnent des mandemens contre les livres, les magistrats qui les dénoncent, ont souvent eux-mêmes la fantaisie d'avoir les premiers un livre qui n'est pas permis. Ils ont leurs libraires ou colporteurs affidés, qui sûrement les servent avec beaucoup de zèle. Quelquefois même un libraire qui fait une entreprise secrète, en fait confidence à ses protecteurs, et prend la liberté de leur faire présent d'un exemplaire plusieurs jours avant que le public ait entendu parler du livre.

Il n'y a guère d'amateurs de livres qui ne soient sensibles à cette attention.

C'est un petit hommage que presque personne ne refuse, et qui donne de la bienveillance pour celui de qui on l'a reçu.

Il y a eu un tems où quelques auteurs imaginèrent de ne pas faire vendre leurs livres par les marchands ou colporteurs; ils en remettaient un certain nombre aux personnes de leur société, qui les distribuaient au public. C'étaient sur-tout des dames, protectrices de la littérature, qui rendaient ce service aux auteurs de leurs amis.

Mais à présent on n'a plus recours à ces petits moyens. Depuis quelques années, et sur-tout depuis un tems de trouble pendant lequel une grande partie de la nation désirait ardemment la lecture des livres le plus sévérement défendus, il s'est établi des magasins dans des asiles où la justice même n'ose pénétrer.

Il y en a aujourd'hui dans tous les environs de Paris, à Versailles plus qu'ailleurs ; et ce n'est plus par des voituriers habitués à faire la contrebande qu'on les introduit. Ils arrivent dans des carrosses respectés, sur lesquels les commis des barrières n'oseraient porter leur curiosité.

Enfin, il s'est découvert un art nouveau, car les arts qui servent à la fraude sont ceux dont les progrès sont le plus rapides : celui dont je parle est l'art des *petites presses portatives* qu'on peut enfermer dans une armoire, avec lesquelles chaque particulier peut imprimer lui-même et sans bruit. On m'a assuré qu'il y en a à présent plus de cent dans Paris. Il y en aurait bientôt davantage si elles étaient nécessaires pour le débit des livres qu'on ne permet pas.

Ceux qui se plaignent de la licence, diront sans doute que si l'infraction des réglemens et les abus qui en résultent, ne viennent que de ce qu'on se rend trop difficile pour les livres que le public désire, et dont il a besoin, il est bien aisé d'y remédier.

Il paraît en effet que l'administration n'aurait qu'à renoncer au projet déraisonnable de gêner les auteurs dans ce qu'ils écrivent sur toutes sortes de matières, et s'en tenir à défendre les livres contraires à la religion ou à la morale, ceux qui troubleraient la tranquillité de l'Etat, ceux que la pudeur ne permet pas de lire, et les libelles diffamatoires.

Il semble qu'en se restreignant à ce petit nombre de défenses, on pourra y tenir la main; que lorsque la *librairie* sera administrée dans ce principe, les libraires auront un champ assez vaste pour leur commerce légitime, sans s'adonner à la fraude, et que la plus grande partie du public, composée de gens raisonnables, et qui pensent qu'il faut respecter la religion et les mœurs, ne favoriseront plus le commerce illicite.

Ce plan est très-plausible dans la spéculation, mais j'ose assurer qu'il ne sera jamais exécuté.

Je soutiens que tant qu'il y aura une loi qui défendra d'imprimer sans une permission expresse, tant qu'on exigera une censure préalable avant de laisser paraître un livre, l'administration, par quelque mains qu'elle soit dirigée, ne renoncera jamais au ridicule despotisme de vouloir assujétir à sa façon de penser celle de chaque auteur; qu'elle ne donnera jamais le degré de liberté nécessaire pour le progrès des lumières, et pour que le génie puisse prendre son essor; qu'elle imposera toujours des gênes dont les gens de lettres seront indignés, et chercheront à s'affranchir; que les gens de lettres seront puissamment secondés par le public, qui souffre toujours avec impatience qu'on veuille soumettre la république des lettres à une dictature; enfin, qu'on finira par retomber dans tous les inconvéniens exposés dans ce chapitre et dans le précédent.

J'établis donc, comme une proposition certaine, que la loi qui exige la permission expresse, et par conséquent la censure préalable, nous conduira toujours à cet état de lois existantes et non exécutées, dans lequel la licence règne sans que la nation ait la liberté qu'elle est en droit de demander, et j'en conclus qu'il est nécessaire d'abroger cette loi (1).

---

(1) Je ne dis pas qu'il faille supprimer la censure,

Je prévois que cette proposition ne sera pas approuvée par quelques - uns de ceux qui liront ce Mémoire, mais c'est pour moi une vérité démontrée ; elle est évidente à mes yeux ; elle ne le sera peut-être pas pour ceux qui n'ont pas vu aussi souvent que moi les tracasseries interminables auxquelles la censure donne lieu.

Je regarde cette proposition comme un principe fondamental, d'après lequel il faudra se décider sur la question que nous traitons. Ainsi, puisqu'on veut savoir mon avis, je demande qu'on suive avec attention les preuves que je vais tâcher d'en donner.

Il ne suffit pas d'établir la règle qu'il ne faut défendre que les livres contraires à la religion, à la morale et à la tranquillité de l'Etat, il faut faire l'application de cette règle à chaque livre. C'est là ce qui est absolument arbitraire ; et dès que ce sera par des règles arbitraires qu'on permettra ou dé-

---

mais seulement la loi qui l'exige pour tous les ouvrages qui seront imprimés, ou, ce qui est la même chose, qui exige pour chaque ouvrage une permission expresse.

Il faut faire attention à cette distinction, dont on verra l'explication dans le chapitre VI.

fendra les livres, tout ce qui est arrivé, arrivera encore.

On me dira qu'il y a bien d'autres pays que la France où l'on exige la censure préalable; qu'en France même cette loi est ancienne, et n'a produit que depuis peu d'années les effets que je lui attribue.

Je n'ai que des notions très-imparfaites de ce qui se passe en Espagne, en Portugal et dans les autres pays où on dit que la *licence* des livres n'a pas encore pénétré.

Cependant je crois pouvoir dire, d'après l'aveu de ceux qui connaissent ces différens pays, que la contrainte qu'on y exerce, a privé ces nations de beaucoup de bons livres, et de bien des lumières qui leur seraient fort utiles. Ainsi, ce n'est pas un exemple que l'on puisse citer en France dans ce moment-ci.

D'ailleurs, s'il est vrai que l'excès de la contrainte n'y a pas produit, comme en France, l'excès de la licence, c'est que ces nations ne sont pas *affamées* de livres nouveaux comme la nation française, et il en était de même en France dans les siècles passés.

Presque tous les législateurs font une bien

grande faute, qui est de ne pas songer que la loi, bonne dans un siècle, ne l'est pas dans un autre.

Le siècle où l'*imprimerie* a été inventée, est précisément celui de la renaissance des lettres; ce siècle où ce qui restait de littérature chez les Grecs, fut porté par eux en Italie après la prise de Constantinople, et fut bientôt répandu dans tout l'Occident, où ce germe précieux a bien fructifié; mais il a fallu un tems considérable pour qu'il se développât.

Dans les premiers tems, les *presses* ne furent employées qu'à donner des éditions des saintes-écritures, des pères de l'église et des plus célèbres auteurs profanes de l'antiquité, et les savans ne s'occupèrent que de vérifier les textes sur les meilleurs manuscrits, et les éclaircir par leurs commentaires.

La littérature profane n'était pas alors une matière sur laquelle la censure eût à s'exercer. Les savans de ce tems se disaient quelquefois des injures fort grossières qu'on ne permettrait pas à présent, parce que la délicatesse du corps entier de nos gens de lettres en serait blessée; mais alors ces injures, dites en grec et en latin, n'étaient pas un objet dont le Gouvernement crût devoir s'occuper.

Ce fut pour les livres de controverse et de théologie qu'on imagina la loi de la censure préalable, comme un moyen d'empêcher d'introduire les opinions erronées.

On n'aurait pas osé dire des livres de ce genre ce que nous venons de dire des autres, que les règles de la censure sont arbitraires. On pensait alors, en France et dans toute l'Europe, que toute erreur en théologie est un crime punissable par les lois civiles ; et dans un pays catholique, une décision de l'église est une vérité qui ne peut pas être contestée. Ainsi un théologien instruit, orthodoxe et bien sûr de ses principes, se croyait en état de prononcer avec certitude sur toutes les propositions du livre déféré à son jugement.

Ce fut l'Université qui, dans l'origine, fut chargée en France de la censure des livres.

Les professeurs de ce corps célébre sont aujourd'hui les instituteurs de la jeunesse ; ils furent regardés alors comme les précepteurs de la nation entière. C'est une prétention qu'on ne leur passerait pas aujourd'hui ; mais ils l'étaient réellement avant l'invention de l'*imprimerie*.

La difficulté de se procurer des manuscrits, dont le prix excédait les facultés de beaucoup de particuliers, obligeait ceux qui voulaient acquérir de l'instruction, à assister régulièrement aux leçons publiques.

Mais tout a bien changé de face : chacun peut aujourd'hui faire ses études en particulier, et les bibliothèques publiques, établies dans la plupart des grandes villes, sont la ressource de ceux qui n'ont pas tous les livres qui leur sont nécessaires.

D'ailleurs, l'empire de la littérature, si j'ose me servir de ce terme, a fait depuis l'art de l'*imprimerie*, des conquêtes immenses, et plus depuis cinquante ans que dans tous les âges qui nous ont précédés. Aujourd'hui il n'y a presqu'aucun objet de la pensée qui ne soit la matière d'un livre.

Des docteurs en théologie, en droit, en médecine, et des gradués dans la faculté des arts, qui enseignent le latin, un peu de grec et les premiers élémens de la philosophie, n'ont point acquis, par leurs études, le droit de dicter des lois à toute la nation sur l'instruction qu'elle veut acquérir en toute sorte de matières.

Le Gouvernement a donc pris un parti sage en retirant des mains de l'Université la fonction de censurer les livres ; mais je crois qu'il s'est trompé, en croyant qu'il pourrait faire exercer cette fonction par d'autres.

Si le système d'exiger une censure préalable était praticable, je crois qu'il vaudrait mieux qu'elle fût entre les mains de quelques gens de lettres de différens états, à chacun desquels on distribuerait les livres de sa compétence, qu'entre celles d'un seul corps ; et si le Gouvernement persistait dans le projet de conserver une inspection sur les opinions de tous genres qu'on répand dans le public, on devrait charger le chef de la justice, ou un autre ministre, de nommer le censeur pour chaque livre, et lui donner des instructions.

Or le Gouvernement a été attaché pendant très-long-tems à conserver cette inspection, à laquelle je crois qu'il doit renoncer aujourd'hui. Ainsi l'établissement des *censeurs royaux* sous l'autorité du chef de la justice, ou du magistrat préposé par lui, a dû paraître autrefois très-raisonnable ; mais je soutiens qu'il pèche par le principe, parce qu'un homme ne peut pas être préposé aux pensées d'un autre homme, ni être garant de ses ouvrages, et que le Gouvernement, fait pour prescrire aux citoyens des lois sur leurs actions, n'a point d'empire sur leurs pensées.

Il est injuste et impossible de dominer sur les opinions, par conséquent de faire supprimer, tronquer ou corriger les livres dans lesquels elles sont exposées.

Je dis injuste, car si cette domination avait pu s'établir, nous serions encore dans la barbarie, puisque la plupart des génies lumineux qui nous en ont tirés, ont été persécutés par les puissances de l'église ou de l'Etat ; mais heureusement cela est impossible, et je crois qu'on en sera convaincu si on veut réfléchir sur la fonction de ceux qui sont chargés de l'examen des livres.

C'est l'administration qui donne les permissions ; mais les administrateurs de l'Etat, et même les magistrats préposés par eux, ne peuvent pas faire cet examen par eux-mêmes.

Il est évident qu'il n'y pourraient pas suffire. D'ailleurs il serait très-fâcheux qu'ils voulussent s'en charger, parce que le même livre qui ne contient qu'une opinion hasardée, peut-être fausse, mais point dangereuse, aurait un danger réel si on croyait que l'homme en place lui eût donné son attache en connaissance de cause.

Prenons le moment présent pour exemple. Tout le monde propose ses idées sur les *Etats-Généraux*. Il est indifférent qu'un auteur, qui n'a aucun caractère public, débite ses rêveries ; mais s'il avait fallu que quelqu'un qui a autorité dans l'état eût donné un consentement exprès à cette brochure, personne ne douterait que le système de l'auteur ne fût adopté par le Gouvernement ; ce qui pourrait avoir de grands inconvéniens.

J'ai trouvé ce principe bien établi quand je fus chargé de la *Librairie*. M. d'Argenson me conseilla de ne me charger jamais moi-même de l'examen d'aucun ouvrage, et j'ai suivi ce conseil.

C'est pour cela qu'on a établi les censeurs, et on a cru qu'il suffirait de les bien choisir.

Mais quelque bon choix qu'on fasse, je soutiens premièrement, que le censeur aura des façons de penser personnelles, et des affections particulières, auxquelles il voudra que les auteurs se prêtent ; ce qui est une tyrannie intolérable ; secondement, que la crainte que ce censeur aura de se faire des ennemis, ne lui permettra point de consentir à la publication de beaucoup d'ouvrages qu'aucune raison d'ordre public ne doit faire défendre ; troisièmement, que le censeur, quelque éclairé, quelque attentif, quelque impartial qu'il soit, sera très-souvent trompé dans l'examen des livres.

Les deux premières propositions prouvent que la censure préalable sera toujours un obstacle insurmontable à la liberté, qui est devenue nécessaire en France. La troisième prouve qu'elle ne sera jamais un frein suffisant pour arrêter la licence.

Il me serait difficile de rendre ces trois propositions aussi évidentes pour les autres, qu'elles le sont pour moi ; car c'est par l'expérience de treize années que je m'en suis convaincu, et je ne peux pas rapporter tout ce qui se passait sous mes yeux chaque jour pendant ces treize années. Je vais tâcher d'y suppléer par quelques observations générales. 1°. La règle communément établie est de nommer à chaque auteur, pour censeur, une homme de lettres de son genre ; un théologien pour un livre de théologie, un jurisconsulte pour un livre de jurisprudence, un littérateur vivant dans le monde pour la poésie, les romans, etc.

Cette règle est très-raisonnable ; car pour les livres de science, il n'y a que l'homme de la science même qui puisse reconnaître des erreurs dangereuses ; et pour ce qu'on appelle *la pure littérature*, il faut que le censeur soit un homme répandu dans la société, sans quoi il ne pourrait apercevoir les satires personnelles.

Cependant cette règle si sage a le plus grand de tous les inconvéniens, qui est que le censeur est presque toujours, ou l'ami, ou le rival de l'auteur.

Or, c'est un principe incontestable, que le juge doit être absolument étranger à la partie ; et si cela est vrai pour la justice des tribunaux, où on a la loi pour guide, cela l'est bien davantage pour la censure, dont tous les principes sont arbitraires.

Quand il est question, ou de permettre un livre, ou de le défendre, ou de ne donner qu'une permission conditionnelle en exigeant des corrections, peut-on espérer que le censeur ne se laisse pas aller à l'indulgence pour l'auteur qu'il aime, ou qui est du même parti que lui, et, à la rigueur, contre celui qui est du parti contraire (car à présent tout est parti en France, et particulièrement dans la littérature)?

N'oublions pas que la passion favorite de presque tous les auteurs est l'amour de la gloire ; ce qui leur donne un attachement excessif pour leurs productions.

Ceci n'est point un trait de satire que je me permets contre les gens de lettres. Je dis ce qui est et ce qui doit être. Sans cette passion pour la gloire, nous n'aurions ni les héros qui défendent la patrie, ni les hommes de génie qui l'éclairent par leurs écrits.

J'ai presque toujours vu qu'un auteur à qui on demande le sacrifice d'un trait de son ouvrage, est un homme qu'on blesse dans sa partie la plus sensible.

Le censeur qui l'aime, finit par céder à ses instances.

Mais si le censeur a contre lui quelque animosité, quelque esprit de parti, croit-on qu'il n'entrera jamais aucune mauvaise humeur dans les difficultés qu'il lui fera sur son ouvrage ?

Le sort de l'auteur dépend donc du hasard qui le fait tomber entre les mains d'un censeur ou d'un autre. Or, c'est là ce qui ne peut se concilier avec la juste liberté qu'il faut donner aux lettres.

L'attachement aux opinions est pour bien des gens, et sur-tout pour beaucoup de gens de lettres, une passion aussi forte que les affections personnelles.

Qu'on ne dise point que ce sentiment n'influera pas sur la censure, quand on donne pour règle aux censeurs de permettre les opinions qui ne sont que fausses, et de ne s'opposer qu'à celles qui sont dangereuses.

Un auteur prévenu avec force de son opinion, croit qu'on ne peut pas la contredire sans renverser la religion et la morale.

J'en ai connu plusieurs qui étaient des gens très-éclairés, d'un jugement fort sain sur tous les autres objets, mais qui, du moment qu'on touchait à leur opinion favorite, portaient la déraison à un point incroyable.

Je ne peux pas rapporter ici tous les exemples que j'en ai vus ; cependant il n'y a que par les exemples qu'on puisse rendre cette vérité sensible. En voici quelques-uns.

Le premier ouvrage du fameux philosophe de Genève qui ait fait du bruit dans le monde, est son discours sur cette question: *Si le rétablissement des sciences et des arts a contribué à épurer les mœurs?* Rien ne devait être plus indifférent au Gouvernement que la discussion de cette opinion spéculative. Il n'était pas à craindre que cet auteur engageât les hommes à renoncer à la société pour embrasser la vie sauvage.

Le censeur à qui cette brochure fut envoyée, était un savant, et passait pour un homme raisonnable.

Non-seulement il ne voulut pas donner son approbation à cet ouvrage d'iniquité, mais il vint me trouver avec un de ses amis et de ses confrères, qui était aussi un homme estimé pour la science et pour les mœurs, et tous deux me dirent « qu'ils seraient au » désespoir de faire le métier odieux de dé- » nonciateurs, mais que l'affaire dont ils » avaient à me parler était si importante, » qu'ils ne pouvaient s'empêcher de m'en » avertir; que j'avais envoyé à l'un d'eux » une brochure qui certainement n'était

» susceptible d'aucune approbation, mais » qu'il ne fallait pas s'en tenir là ; que le » Gouvernement devait prendre des me- » sures pour étouffer dans son principe » cette affreuse doctrine ; que l'auteur vou- » lait nous réduire à l'état des hommes » bruts, qui ne connaissent ni religion ni » morale, et que malheureusement cet » auteur était doué d'une éloquence funeste, » qui lui donnerait des sectateurs. »

J. J. Rousseau, si célèbre depuis, n'a commencé à l'être qu'à l'époque de ce discours. Les deux savans n'avaient jamais entendu parler de lui. Ainsi il n'y avait, dans leur jugement, aucune passion personnelle.

Voici un autre fait. Quand le parlement rend un arrêt, il faut lui obéir ; mais quand il disserte, il est permis de n'être pas de son avis. Il n'y a que l'église, à l'autorité de qui on doive soumettre sa raison, et ce n'est même que pour les dogmes.

Les *remontrances* des parlemens sont de très-beaux traités de droit, des monumens respectables du zèle et des lumières des magistrats : toutefois on ne peut pas prétendre que toutes les propositions avancées dans chacune de ces remontrances soient des vérités qu'il n'est plus permis de discuter.

Cependant j'ai vu des censeurs exiger impitoyablement d'un auteur de retrancher une proposition de son ouvrage, par l'unique motif qu'elle se trouvait contraire à une phrase de quelque remontrance.

Ce censeur, zélé parlementaire, mais homme de très-bonne foi, disait que l'on ne devait pas permettre ce qui est contraire à la loi; et il lui semblait qu'un ouvrage auquel le parlement a donné sa sanction, avait acquis le caractère de loi.

L'opinion d'une grande partie du public sur M. de Voltaire a subi une grande révolution pendant les treize années que j'ai eu un département littéraire; elle n'a pas varié sur l'hommage dû à son génie, mais beaucoup sur les égards dus à sa personne.

Quand je fus appelé à ce département, la plupart des censeurs n'auraient pas permis un éloge donné à ce grand-homme en termes généraux, sans y joindre la restriction expresse que c'était sans approuver la doctrine pernicieuse de beaucoup de ses ouvrages.

Il y en eut qui me dirent pour raison, qu'on ne permettrait pas, dans un pays catholique, de faire un éloge pompeux de

Luther, sans marquer qu'on déteste ses erreurs, et que l'auteur qui attaque la religion dans tous ses principes, est bien plus condamnable que celui qui n'a attaqué que quelques dogmes.

Dans la suite j'en ai vu d'autres qui n'auraient pas voulu approuver une critique littéraire de M. de Voltaire, disant qu'on ne devait la regarder que comme un libelle diffamatoire, parce qu'elle ne pouvait être que l'ouvrage de la passion, et que l'honneur de la nation était intéressé à ne pas laisser insulter en France l'homme par qui la France est illustrée.

J'ai vu ce grand motif de l'honneur de la nation employé quelquefois, d'une façon bien plaisante, par ceux qui le faisaient servir à leur passion.

Dans le tems qu'on écrivait beaucoup de brochures pour et contre la musique française et italienne, il y eut, non pas seulement des gens dont la musique fait le plaisir et l'occupation principale, mais des hommes d'état par leur place, qui me firent dire, par amitié, qu'on ne concevait pas que je tolérasse des libelles où on diffamait la musique française qu'ils appelaient la *musique natio-*

nale, et ces personnages graves trouvaient aussi que l'honneur de la nation y était intéressé.

Ces historiettes, auxquelles je pourrais en joindre beaucoup d'autres, m'ont démontré invinciblement la vérité que j'ai établie, et que je ne me lasserai pas de répéter, que les principes de la censure, d'après lesquels on permet ou défend les livres, sont et seront toujours arbitraires.

2°. Outre les cas où le censeur est conduit, dans ses jugemens, par ses affections ou son attachement à son opinion, il y en a beaucoup où il n'est pas possible qu'il ne soit retenu par la crainte fort raisonnable de se faire des ennemis.

Il est vrai que j'ai vu plus d'une fois des censeurs qui, par leur caractère, n'auraient jamais dû avoir de querelles avec personne, se trouver exposés au ressentiment implacable de gens avec qui ils n'avaient rien de personnel à démêler, uniquement pour avoir donné leur approbation à un livre qui leur déplaisait.

Ne disons pas que ce ressentiment ne sera point à craindre lorsqu'on saura que la fonction du censeur se borne à empêcher ce qui est contraire à la religion, aux lois, etc. L'homme irrité contre un livre ne se paie pas de cette raison parce qu'il est offensé dans son amour-propre, et que, sur ce chapitre, on ne connaît ni raison ni justice (1).

Il n'y a aucune idée nouvelle, aucun trait piquant dans un livre, qui ne déplaise beaucoup à quelqu'un.

La littérature ne fleurit, la raison ne fait des progrès que par des ouvrages dont les auteurs se font des ennemis. L'auteur s'y expose pour la gloire qui est sa récompense; mais le censeur, qui n'a point de part à la gloire, ne veut pas partager les haînes; et la crainte de s'y exposer l'engage à faire à l'auteur mille difficultés qui sont absolument contraires à la liberté d'écrire.

Cette crainte des censeurs est souvent d'autant mieux fondée, que ce n'est pas seulement d'un homme de lettres qu'ils encourent la haine; c'est quelquefois celle de gens très-puissans, et qui ont le pouvoir de les perdre.

---

(1) Qui méprise Cottin n'estime point son Roi,
Et n'a, selon Cottin, ni Dieu, ni foi, ni loi.

Ceci, comme ce que j'ai dit dans les autres articles, ne pourrait être bien prouvé qu'en rapportant le grand nombre d'exemples que j'en ai vus; mais pour en épargner le détail, qui serait fort ennuyeux, je vais employer quelques-uns de ceux que j'ai rapportés dans l'article précédent.

Si le censeur qui, de bonne foi, regardait comme une hérésie une proposition contraire à un passage de remontrance du parlement, avait, au lieu de cela, dit tout naturellement au magistrat de la *librairie*, qu'il ne voulait pas s'exposer à être mandé par le parlement pour une approbation; si celui qui refusait d'approuver un éloge de M. de Voltaire, sans une restriction odieuse, eût dit qu'il ne voulait pas irriter l'ancien évêque de Mirepoix, qui, outre les graces dont il était le dispensateur, avait souvent le crédit de faire prononcer des proscriptions, on n'aurait pas pu dire que ces deux censeurs eussent tort.

M'objectera-t-on la grande maxime que le censeur est un juge, et qu'un juge ne doit point être arrêté par des craintes personnelles?

S'il faut remonter jusqu'à ces grands principes, je dirai qu'il est très-vrai qu'un juge ne doit jamais céder à la crainte, et que c'est pour cette raison que, dans toute bonne constitution, on ne doit donner la fonction de juge qu'à ceux qui, par leur état, sont des gens indépendans.

C'est pourquoi en France la nation a toujours réclamé, avec la plus grande force, quand il y a eu des actes d'autorité exercés contre ses juges, et elle a obtenu, depuis trois siècles, qu'au moins il fussent inamovibles dans leurs charges.

C'est aussi par cette raison qu'en Angleterre, où les places de juges sont des faveurs accordées par la cour, et où ils ne sont inamovibles que depuis peu de tems, la nation est si attachée à ce que la fonction de juger, dans les matières les plus importantes, soit remplie par les citoyens indépendans qu'on appelle *jurés*.

Je suis si persuadé de cette maxime, que je pense que tout magistrat qui, par la situation de ses affaires ou de celles de sa famille, se trouve dans la dépendance de quelque puissance, devrait renoncer à la profession de juge.

Or, les censeurs sont choisis parmi les gens de lettres, et en France les gens de lettres sont une classe de citoyens très dépendante, parce que ce n'est point une profession utile par elle-même. La plupart de ceux qui l'ont embrassée, y ont été déterminés par un attrait vainqueur, ont sacrifié l'espérance de la fortune à leur satisfaction et à la gloire. Cependant comme la gloire ne fait pas vivre, c'est par des grâces de la cour ou des places auxquelles la cour nomme, qu'ils ont espéré de subsister dans leur vieillesse, dans cet âge où l'aisance est devenue une nécessité.

Un homme de lettres est donc un homme dépendant de beaucoup de gens puissans, et qu'il ne faut point exposer à leur déplaire par l'approbation d'un livre.

On va voir que la grande dissertation à laquelle je viens de me livrer, n'est point étrangère au sujet que nous traitons, en appliquant les principes que je viens de poser au moment présent.

Le Roi vient d'exhorter tous ses sujets à s'occuper de la constitution des assemblées nationales.

Quand ces assemblées se tiendront, bien des auteurs s'exerceront sur les objets qui y seront traités.

On ne peut discuter ces questions sans heurter des opinions qui ont eu de puissans partisans. Il faut du courage, et nous voyons, depuis quelques mois, qu'il se trouve en France des auteurs à qui ce genre de courage ne manque pas.

Ils sont entraînés sans doute par un zèle ardent pour le bien de l'Etat; mais on ne peut nier que ce zèle ne soit soutenu par leur enthousiasme pour le système qu'ils ont embrassé, et par l'espérance de la gloire qui sera le fruit de leurs travaux.

Est-il juste qu'un censeur qui ne partage pas leur enthousiasme, et ne partagera pas leur gloire, partage le danger? Et quand ce censeur est un homme qui, à la fin de sa carrière, jouit tranquillement des graces qu'il a obtenues après les avoir méritées, mais dans lesquelles il n'est maintenu que par la faveur des gens en place, ne serait-il pas cruel de le mettre dans l'alternative de déplaire à ses protecteurs, ou de faire des difficultés à des auteurs qui obtiendront peut-être le suffrage de la nation?

Quand on pesera toutes ces considérations, je crois qu'on conviendra que la liberté demandée aujourd'hui pour les auteurs qui écrivent sur les intérêts de la nation est incompatible avec aucune espèce de censure.

3°. Ma dernière proposition est que le censeur le plus éclairé dans la matière du livre qui lui est déféré, peut être trompé, et l'est souvent.

J'atteste que, lorsque la censure s'exerçait dans toute sa rigueur, lorsque la police veillait avec activité à empêcher l'impression et le débit des livres qui n'étaient pas permis, et qu'on n'avait pas encore renoncé à l'espérance de faire exécuter les réglemens, il arrivait souvent que le même livre dont le public était scandalisé quand il était imprimé, avait été approuvé par un censeur, homme instruit, homme pieux, homme très-attentif.

C'est ce que je ne pouvais jamais faire concevoir à ceux qui se plaignaient du livre. Ils me disaient toujours que, puisque le public entier avait été indigné à la première lecture, le censeur qui l'avait approuvé, ou ne l'avait pas lu, ou avait eu une instruction secrète du magistrat protecteur des mauvais livres, ou était complice de l'auteur, et que, dans ce dernier cas, il méritait une punition exemplaire.

Je leur aurais volontiers demandé s'ils étaient dans l'habitude d'assister à ces lectures où un auteur assemble ses amis pour lui donner leurs conseils sur une pièce de théâtre ou un autre ouvrage qu'il veut faire paraître.

Ces amis que l'auteur choisit pour ses juges, sont ordinairement des amateurs de la littérature, qui passent pour gens d'esprit et de goût : cependant, on sait que très-souvent le public siffle unanimement l'ouvrage que ce conseil littéraire a trouvé admirable.

Il en est de même de la censure ; et la différence entre le jugement du censeur et celui du public doit être encore plus fréquente, parce qu'il y a bien de différens rapports sous lesquels un livre peut être jugé répréhensible. Quelques-uns de ces motifs de censure échappent à celui qui lit en particulier ; mais aucun n'échappe au public entier.

Cela est évident pour les satires personnelles.

Un censeur ne connaît pas tous les individus, ou ne les a pas assez présens à son attention pour les reconnaître dans le portrait qu'en fait un auteur satirique, lors même que ce portrait est très-ressemblant; mais dès que le trait est imprimé, il y a quelqu'un dans le public qui l'aperçoit, et dans le moment tout le public en est averti.

On aura plus de peine à croire qu'un censeur puisse être trompé sur des articles de doctrine et sur ceux qui intéressent le gouvernement; cependant cela arrive aussi très-souvent.

Si l'ouvrage est très-volumineux, il n'est pas possible qu'on n'ait pas eu des distractions pendant la lecture; mais, de plus, j'atteste, d'après l'expérience, que souvent les censeurs se sont trompés sur ceux qui sont assez courts pour qu'on puisse réfléchir sur chaque phrase; qu'ils se sont trompés sur des ouvrages où c'est le système général, et non pas quelques traits épars, qui a été un scandale pour les gens de bien; qu'ils se sont trompés lors même qu'ils avaient été avertis qu'il fallait être en garde contre l'auteur, et lorsque le censeur avait le plus grand intérêt à ne pas se compromettre.

Dans les autres articles, j'ai rapporté quelques histoires particulières pour lesquelles il faut me croire sur ma parole ; mais ici je vais en rapporter deux dont tout le public a eu connaissance dans le tems.

Nul ouvrage n'a excité plus de clameurs de la part du clergé, des magistrats et d'une grande partie du public, que *l'Encyclopédie*, que cependant aujourd'hui tout le monde veut avoir dans sa bibliothèque.

Le plan en fut concerté avec le plus vertueux et le plus éclairé des magistrats, M. le chancelier d'Aguesseau. M. Diderot lui fut présenté comme celui des auteurs qui aurait le plus de part à l'ouvrage.

Cet auteur était déjà noté, chez beaucoup de dévots, pour la liberté de penser.

Cependant le pieux M. d'Aguesseau voulut conférer avec lui, et je sais qu'il fut enchanté de quelques traits de génie qui éclatèrent dans la conversation ; mais comme il affectionnait particulièrement cet ouvrage dont il avait prévu toute l'utilité, et dont quelques personnes lui dénonçaient l'auteur comme suspect, il voulut nommer lui-même les censeurs, et prit la précaution qu'on croyait la meilleure. Un théologien fut chargé des articles de théologie et de métaphysique, un avocat de ceux de jurisprudence, etc.

Le premier volume ne parut qu'après sa mort, et, malgré les précautions qu'il avait prises pour la censure, il s'éleva un cri universel.

Le plus ardent ennemi de *l'Encyclopédie* fut l'ancien évêque de Mirepoix. Il porta ses plaintes au Roi lui-même, et lui dit, les larmes aux yeux, qu'on ne pouvait plus lui dissimuler que la religion allait être perdue dans son royaume.

Le chancelier successeur de M. d'Aguesseau, qui était un magistrat aussi religieux qu'aucun évêque du royaume, et que l'évêque de Mirepoix lui-même, jugea cependant qu'il ne fallait pas ruiner quatre familles de libraires, manquer aux engagemens pris avec les souscripteurs pour des sommes considérables, et priver le public de l'ouvrage que M. d'Aguesseau avait regardé comme le plus utile qui pût paraître, parce qu'il y avait quelques propositions condamnables dans le premier volume : il pensa qu'il suffirait de prendre des mesures pour qu'il ne s'en trouvât plus dans les tomes suivans.

On m'ordonna d'en conférer avec M. l'évêque de Mirepoix.

Il me dit qu'on avait trompé les censeurs nommés par M. d'Aguesseau, en insérant dans les articles de médecine, de physique ou d'autres sciences profanes, des erreurs qui ne pouvaient être aperçues que par un théologien.

Je lui offris de faire censurer tous les articles, sans exception, par des théologiens qu'il choisirait lui-même.

Il accepta ma proposition avec joie, et me nomma les abbés Tamponnet, Millet et Cotterel, qui étaient ceux en qui il avait le plus de confiance.

Les tomes II, III, IV, V, VI et VII de l'*Encyclopédie* ont été censurés en entier par ces trois docteurs. Il n'y a pas un seul article dont le manuscrit n'ait été paraphé par un des trois.

C'est cependant le livre qui a été regardé par tous les dévots, et nommément par les confrères des trois censeurs, comme un répertoire d'impiétés.

Quand leurs confrères leur en faisoient

des reproches, ils étaient confus, et ne savaient que répondre. Ils finissaient par avouer qu'ils ne comprenaient pas eux-mêmes comment ils avaient pu approuver les articles qu'on leur citait, et qu'ils en avaient jugé autrement sur le manuscrit que sur l'imprimé.

Pour l'évêque de Mirepoix, il ne dit plus rien quand il vit que ses bons amis étaient compromis, et lorsque je lui en parlai, il me répondit avec douleur que c'étaient de vertueux ecclésiastiques, qui n'avaient sûrement pas eu mauvaise intention.

Mais le parlement, qui ne se croyoit pas obligé à aucun égard pour les censeurs de l'évêque de Mirepoix, prit alors connaissance de l'affaire.

Il supprima les sept volumes qui avaient paru ; ce qui est un mot vide de sens, car tous les exemplaires étaient chez les souscripteurs, et on n'espérait pas qu'ils les portassent au greffe. Il nomma les censeurs pour les examiner, et les chargea aussi de la censure des tomes suivans (1). L'évêque

(1) Je n'examine pas si le parlement n'excéda

de Mirepoix avait choisi des *molinistes ;* on pense bien que le parlement nomma des *jansénistes.*

Ce choix fut indifférent, car ils n'eurent rien à censurer. Les libraires prirent un parti qu'ils auraient dû prendre plus tôt : ils firent imprimer sans censure, ou en pays étranger, ou secrètement dans le royaume (je n'ai pas cherché à pénétrer ce mystère), et ils firent imprimer tout l'ouvrage à-la-fois, pour n'avoir plus de querelle à essuyer à chaque tome.

Quand l'ouvrage parut de cette façon, il

---

pas son pouvoir, et ne profita pas de l'occasion pour s'attribuer un droit qu'il n'avait jamais eu. Il est juge du délit commis : par conséquent il peut nommer des examinateurs du livre qui lui est dénoncé, comme des experts pour constater le corps du délit ; mais je ne crois pas que jusqu'alors il eût nommé les censeurs pour examiner le livre qui paraîtra. L'Université a eu cette fonction. Le Roi l'a fait remplir depuis par des censeurs royaux, mais non par le parlement, parce que cet acte est d'administration, et non de justice.

Au reste, cela est étranger à la question que nous traitons dans ce chapitre. Comme on prévoyait bien que ces Censeurs n'auraient rien à faire, on n'y songea pas.

n'y eut personne à qui on pût s'en prendre, et alors le zèle se refroidit. Personne ne s'opposa à l'entrée ni au débit, et chaque exemplaire parvint à sa destination chez le souscripteur.

Le livre *de l'Esprit* a fait au moins autant de bruit que l'*Encyclopédie*. Le cri fut général (1). Le censeur fut M. Tercier. On a dit dans le public qu'il était ami de l'auteur; ce fait n'est pas vrai : il ne le connaissait point quand il fut nommé son censeur. Ils firent connaissance, et sont peut-être devenus amis pendant l'examen de l'ouvrage.

M. Tercier était homme de lettres. On ne peut pas lui refuser cette qualité, puisqu'il était de l'académie des belles-lettres. Il était donc assez instruit pour découvrir

---

(1) Je ne parle qu'historiquement de l'effet que fit ce livre dans le public. Je n'examine point jusqu'à quel point il pouvait être répréhensible..

Je serais bien fâché d'insulter la cendre de deux morts estimés et regrettés de tous ceux qui les ont connus.

Je connais personnellement l'auteur, et je l'aimais tendrement. Il avait autant de droits à l'estime des honnêtes gens par ses vertus morales, qu'aux applaudissemens du public par ses talens.

le danger d'un livre où tout le monde disait que les propositions dangereuses n'étaient pas même déguisées.

Il était premier commis des affaires étrangères et avait passé toute sa vie dans la politique : ainsi il devait avoir la prudence nécessaire pour prévoir l'effet que ferait un pareil livre.

S'il n'en avait pas été le censeur, je suis persuadé qu'il aurait dit comme le public : « Comment est-il possible qu'un censeur ait » approuvé un pareil ouvrage ?

J'ajoute un fait dont je suis très-certain : c'est qu'il fut averti plusieurs fois, et même de la part des amis de l'auteur de se tenir en garde, parce que la complaisance qu'il pourrait avoir leur serait funeste à tous les deux.

Ce censeur du livre *de l'Esprit* était particulièrement protégé par la feue Reine. Il avait donné au roi de Pologne, dans les circonstances les plus dangereuses de sa vie, des preuves d'attachement que la Reine n'oubliait pas.

Or, tout le monde connaissait la piété de la Reine, et personne n'ignorait qu'elle gémissait continuellement sur les mauvais livres dont le public était inondé.

M. Tercier était aussi particulièrement attaché à la personne de monseigneur le Dauphin, avec qui il avait même un travail habituel.

Il avait tout à espérer de si grandes protections, et tout à craindre en rendant sa doctrine suspecte à ses vertueux protecteurs.

Il courait le risque évident de perdre son état ; ce qui lui est réellement arrivé. Cependant il a donné son approbation.

Après de tels exemples, n'est-il pas évident qu'il n'y a point de censeurs qui ne puissent se tromper dans leurs jugemens ?

Résumons ce chapitre qui est beaucoup plus long que je n'aurais voulu.

Je regarde comme certain, 1° que l'inexécution des réglemens de *librairie* est venue de ce qu'on a refusé la permission pour une multitude de livres qui sont devenus nécessaires à la nation ; 2° que quelque chose qu'on fasse ces permissions seront toujours refusées ; par conséquent, que tant qu'on laissera subsister la loi qui exige pour chaque livre une permission expresse après une approbation préalable, les réglemens sur cette partie d'administration seront toujours illusoires.

Si je n'ai pas réussi à convaincre de ces vérités ceux qui liront ce Mémoire, c'est peut-être moi qui ai tort.

Mais alors il est inutile de lire ce qui me reste à dire; car c'est sur ces vérités, que je regarde comme fondamentales, que tout mon Mémoire est appuyé, et si on ne les admet pas, je ne connais rien de raisonnable à faire.

CHAPITRE IV.

QUESTION QUATRIÈME.

Quel est le meilleur moyen d'obvier à la licence des libelles, ou de soumettre les livres à la censure, ce qui est la loi de France et de quelques royaumes, ou de ne rien prescrire aux auteurs, et de laisser à la justice le soin de punir les délits, ce qui est la loi d'Angleterre et de quelques autres pays ?

Sur l'exposition de cette question, on croira peut-être que je la regarde comme résolue par les principes que j'ai établis dans le précédent chapitre.

Puisque je regarde comme une nécessité indispensable de révoquer la loi qui exige la permission expresse et la censure, on croira que j'ai tout dit, et que je n'ai plus qu'à conclure qu'il faut admettre la loi d'Angleterre telle qu'elle est avec ses avantages pour la liberté, et ses inconvéniens sur la licence.

Mais ce n'est pas là ma conclusion. Il faut

examiner auparavant si la loi anglaise produirait en France ce qu'elle a produit en Angleterre, et c'est le sujet de la cinquième question.

CHAPITRE V.

QUESTION CINQUIÈME.

La loi anglaise introduite en France y produira-t-elle les mêmes effets qu'en Angleterre, c'est-à-dire, l'heureux effet de donner aux citoyens honnêtes et raisonnables la liberté de produire leurs sentimens, et le mauvais effet d'augmenter la licence des libelles et d'autoriser des satires personnelles?

La suppression de la censure nous remettrait sous la loi commune à toutes les nations, suivant laquelle on attend que les délits soient commis pour les punir.

L'auteur pourrait imprimer sans prendre la permission d'un censeur, comme il a le droit naturel d'écrire et de parler. Mais si son livre était criminel, il serait jugé et puni suivant les lois du pays où il vit, comme le serait un prédicateur qui aurait prononcé un sermon séditieux.

Or, chaque nation a ses lois particulières pour la justice criminelle, et il y a entre les lois et l'esprit national des Anglais et des Français, des différences qui en entraîneraient une immense sur le degré de licence que produirait la suppression de la censure.

1°. En Angleterre, les juges doivent s'en tenir aux termes précis de la loi. Ils ne peuvent punir que les actions que la loi a déclarées être des délits : la peine qu'ils prononcent est celle que la loi a déterminée, excepté dans les seuls cas où la loi elle-même a ordonné de proportionner la peine aux circonstances, comme les condamnations pour réparation de dommages ; mais le juge ne peut jamais décider, d'après ses propres lumières, qu'une action que la loi n'a prévue ni définie soit un crime.

En France, on a donné beaucoup plus de latitude au pouvoir des juges : l'esprit de la loi supplée au texte littéral ; et quand le juge français croit voir clairement que l'accusé a eu une mauvaise intention et qu'il l'a effectuée, ce que nous appelons *concilium et eventus*, il prononce la condamnation, et l'accusé n'échapperait pas à la justice en disant que le cas n'a pas été prévu par la loi (1).

Je n'entreprends point de discuter ici les avantages et les inconvéniens de ces deux jurisprudences; je ne dis que le fait, et il me paraît évident que cette seule différence entre les deux jurisprudences doit rendre l'effet de la suppression de la censure très-différent dans les deux pays.

---

(1) Rien ne démontre mieux l'arbitraire des règles qu'on a suivies pour la censure, et que le parlement se propose de suivre lorsqu'il aura obtenu ce qu'il appelle la *liberté de la presse*, que les termes dont il s'est servi dans l'article de son arrêté, par lequel il demande cette liberté, « sauf à répondre » des écrits répréhensibles, suivant l'exigence des » cas. »

Par ces termes vagues, on demande une loi pénale qui ne définira point le délit, ne déterminera point la punition, laissera au juge le droit d'arbitrer ce qui lui paraîtra criminel, et d'y appliquer la peine qui lui semblera proportionnée.

A-t-on tort de dire qu'avec une telle législation, ce ne sera point de la loi, mais de l'opinion des juges que dépendra le sort des citoyens?

Par exemple, les libelles diffamatoires sont regardés par-tout comme un délit très-grave : ainsi on punirait en Angleterre comme en France, l'auteur qui dans son ouvrage outragerait un citoyen en le nommant.

Mais si cet auteur, sans nommer personne, fait un portrait de celui qu'il veut insulter, auquel on ne puisse pas se méprendre, le juge anglais ne pourra pas le condamner, parce qu'aucune loi n'a pu définir les cas dans lesquels le trait d'un livre doit être réputé une satire, et le juge français le condamnerait sans hésiter ; l'auteur aurait beau dire qu'on lui prête une intention qu'il n'a pas eue. Quand cette intention paraîtrait évidente au juge, cette défense de l'accusé serait regardée comme un subterfuge.

Les blasphêmes, le manque de respect pour la religion de l'Etat, sont regardés comme des crimes dans tous les pays du monde.

Mais dans un pays où on ne juge que d'après la disposition précise de la loi, on ne peut pas condamner comme impie l'auteur qui a établi une proposition, qui dans la façon de penser du juge, contient implicitement une impi été

L'auteur qui serait accusé par la partie publique, ne pourrait être convaincu légalement qu'après avoir été entendu dans sa défense ; ce qui serait soutenir une thèse contre le ministère public, et il serait toujours admis à dire qu'il n'avait pas pensé comme son accusateur ; qu'il peut s'être trompé, mais que l'erreur n'est pas un crime.

Mais ce n'est pas ainsi qu'on juge en France les affaires de ce genre. Les juges ne se regardent pas uniquement comme des interprètes de la loi ; ils statuent sur la doctrine, comme les conciles où l'église est assemblée.

C'est l'avocat-général qui est chargé de cette fonction. Cet orateur jurisconsulte prononce un traité de philosophie ou de théologie, et l'auteur accusé n'est admis à aucune réplique. Telle est la règle de nos tribunaux.

Il ne peut ni contester la doctrine de M. l'avocat-général, ce qui serait regardé comme une témérité, ni même soutenir qu'on l'a mal entendu, et qu'il n'a jamais prétendu établir la doctrine qu'on lui impute. Son intention a paru évidente à la justice, et c'est assez pour asseoir une condamnation.

C'est dans la même forme qu'on statue sur tout ouvrage qu'on regarde comme contraire aux lois, à l'ordre public, à l'administration, et il y a une très-grande quantité d'ouvrages qui peuvent être critiqués sous quelques-uns de ces aspects, souvent sans que l'auteur l'ait prévu.

Si on veut bien y réfléchir, et examiner jusqu'où cela peut s'étendre, on verra qu'il n'y aurait aucun métier plus dangereux que celui des auteurs, s'ils avaient à répondre à la justice de tous leurs ouvrages.

Les auteurs ont aujourd'hui des difficultés fort incommodes à éprouver. Souvent on leur en fait auxquelles ils ne se serait pas attendus. Ils les attribuent à la fantaisie du censeur, et trouvent fort dur d'être obligés de s'y soumettre.

Mais s'ils n'avaient plus la sauve-garde de la censure, ils auraient des censeurs d'un autre genre ; ils en auraient autant qu'il y a de conseillers au parlement et au châtelet, qui ont le droit de les dénoncer. Cette censure serait bien plus redoutable, puisqu'elle ne se terminerait pas à leur faire sacrifier un trait de leur ouvrage, mais qu'elle leur ferait subir un procès criminel ; et peut-on prévoir quelle en serait l'issue dans un pays où les lois ne sont pas précises, et où le jugement dépend de la façon de penser de ceux qui un tel jour tiennent le tribunal?

Tout citoyen, de quelque profession qu'il soit, doit être à l'abri d'un procès criminel, en évitant de faire aucune des actions qui sont défendues par la loi. Les auteurs seuls y seraient exposés par l'interprétation qu'on peut donner à leurs ouvrages.

On va voir encore d'autres différences essentielles entre la justice qui se rend en France et celle qui se rend en Angleterre.

2°. En Angleterre, les juges ne sont point un corps; ils le sont en France.

C'est certainement un corps bien respectable que celui des gardiens de la loi; mais un seul corps ne doit pas avoir inspection sur la publication des pensées des citoyens de tous les ordres et de tous les états.

Nous avons fait voir dans les chapitres précédens, qu'il était absurde que l'Université, qui, dans les siècles d'ignorance, était le corps entier des gens de lettres, eût cette inspection, et que le Gouvernement s'est trompé quand il a cru pouvoir exercer cet empire sur les opinions : il ne serait pas plus raisonnable de le donner au corps des magistrats.

3°. Voici une troisième différence qui est peut-être la plus importante de toutes.

La justice criminelle ne se rend en Angleterre qu'après une instruction publique : c'est la nation qui préside au jugement, et la nation anglaise, fortement persuadée que la liberté nationale tient à *la liberté de la presse*, ne permettrait pas aux juges de condamner arbitrairement les auteurs.

L'opinion que chacun peut avoir d'un livre, le chagrin d'un particulier, celui d'un corps, celui du Gouvernement lui-même quand il se croit insulté dans un écrit, tout cela ne paraît aux Anglais que de petites considérations, qui ne peuvent pas être mises en balance avec le grand principe, qu'il ne faut imposer aucune gêne aux citoyens qui veulent parler à la nation.

On me dira peut-être que la nation française prendra sur l'esprit de la nation anglaise lorsqu'elle aura des assemblées nationales.

Personne ne peut savoir avec certitude ce que produiront ces assemblées; mais je soutiens que le vœu même de la nation ne dirigera point les juges en France comme en Angleterre, tant que notre forme d'instruction criminelle subsistera, et que les jugemens seront rendus sur des procédures secrètes.

Cette proposition peut être rendue sensible par la comparaison de deux procès qui ont fait beaucoup de bruit, l'un en Angleterre, et l'autre en France.

M. Wilkes passait en Angleterre pour le plus hardi des auteurs; et comme la licence des libelles a des inconvéniens réels, dont les gens raisonnables sont frappés en Angleterre ainsi qu'en France, beaucoup d'Anglais murmuraient de cette liberté, qui leur semblait excessive. Ceux qui pensaient ainsi se croyaient la majeure partie du public, et sûrement le Gouvernement pensait de même; car sans cela le procès de M. Wilkes n'aurait pas été entamé.

Il fit paraître une feuille où le Gouvernement se crut si ouvertement insulté, qu'il ne douta point que ce délit ne fût puni s'il était déféré à la justice.

Tous ceux qui approchaient du Roi ou des ministres regardaient cela comme certain, et vraisemblablement les plus grands jurisconsultes d'Angleterre avaient été consultés, et pensaient de même. On fut charmé de trouver cette occasion de faire un exemple qui servît de frein à la licence.

Tout le contraire arriva.

Lorsqu'on voulut faire le procès, la nation se réveilla.

On pensa que la hardiesse qu'on imputait à M. Wilk es ne devait être considérée, dans une affaire d'Etat, que comme une peccadille méprisable; mais qu'il serait du plus grand danger que les juges prissent l'habitude de flétrir les auteurs qui auraient déplu aux puissances.

Le Gouvernement s'obstina; ce qui augmenta la chaleur nationale en faveur de M. Wilkes. Non-seulement il fut absous, mais il fut regardé comme un illustre persécuté. La tentative qu'on avait faite pour le perdre lui procura des honneurs inouis, et une fortune à laquelle, sans cela, il n'aurait peut-être pas aspiré.

Je crois que le Gouvernement eut tort de s'obstiner à cette petite vengeance, et de ne pas songer qu'on illustre toujours celui à qui on donne le mérite de la persécution, et que la nation alla trop loin en déférant à un auteur les honneurs qui devraient être réservés pour les citoyens qui ont rendu les plus grands services à l'Etat.

Nous ne devons pas être surpris en France que le Gouvernement anglais ait fait cette faute, ni que la nation anglaise se soit portée à cet excès.

Voyons à présent ce qui s'est passé en France dans la fâmeuse histoire de M. du Paty.

Depuis quelques années on s'était pourvu en cassation ou en révision contre plusieurs arrêts de condamnation *à mort*. Il avait paru des mémoires où le public avait trouvé l'innocence des condamnés démontrée. Le conseil en avait jugé de même; mais ce n'est qu'après la mort des malheureux que leur innocence avait été reconnue.

Ces affaires, sur-tout celle de Calas, qui fit plus de bruit que toutes les autres, avaient excité dans le public une sensation très-vive.

On s'en prenait à nos lois criminelles : on disait qu'elles étaient faites pour produire souvent de pareils malheurs. On ne parlait que de les réformer, et on aurait pu dire que c'était un cri national, s'il y en avait un chez une nation qui ne s'assemble jamais.

Je sais que beaucoup de magistrats trouvaient ce cri du public inconsidéré; qu'ils pensaient que la réformation dans nos lois qu'on proposait aurait les plus grands inconvéniens.

Je ne prends point parti dans cette question : je dis seulement le fait, que le vœu d'une très-grande partie du public était qu'on fît de grands changemens dans la procédure criminelle, et qu'on adoucît la rigueur des peines et celle de l'instruction.

Dans ce tems-là trois hommes de la lie du peuple, gens à qui personne ne prenait d'intérêt, ainsi en faveur de qui il ne pouvait y avoir aucune intrigue, furent condamnés à la roue.

On sut que quelques juges, à qui le crime ne paraissait pas assez prouvé, s'étaient opposé avec force à l'arrêt. C'en fut assez pour que le Roi ordonnât un sursis nécessaire pour que les accusés pussent se pourvoir au conseil.

M. le président du Paty prit connaissance de l'affaire ; il lui parut que la procédure était mal faite, et le jugement rendu sans preuves suffisantes. De plus, il voulut voir les accusés. Le spectacle d'un malheureux a de grands droits sur un homme sensible qui a peu fréquenté la classe d'hommes par qui se commettent ordinairement les grands crimes. M. du Paty, après les avoir vus, ne douta pas de leur innocence.

Il s'enflamma pour une cause qui lui parut si intéressante; il fit un Mémoire; et comme, en France, un Mémoire ne peut pas être imprimé sans être signé d'un avocat étant sur le tableau, M. du Paty en trouva un qui, pensant comme lui, remplit cette formalité.

M. du Paty pensait et écrivait avec beaucoup de chaleur; il en mit dans cette affaire, et il faut convenir que, s'il y a une cause qui en soit susceptible, c'est celle de trois hommes qu'on croit innocens, et qu'on veut arracher au supplice de la roue.

Il ne s'en tint pas à la défense de ces trois particuliers: il était persuadé que les erreurs du jugement venaient des défauts de notre procédure criminelle; il en attaqua les principes, et il est vrai que, par son Mémoire, il semble exhorter fortement le public à demander au Roi de la changer.

Ce Mémoire produisit l'effet qu'on en

devait attendre sur un public déjà prévenu, pour une pareille cause, depuis la mort tragique de Calas et de plusieurs autres.

En Angleterre, cette faveur du public en aurait imposé aux magistrats, comme dans l'affaire de Wilkes.

En France, ce fut tout le contraire : ils furent indignés de la témérité d'un auteur qui osait révolter le public contre ses juges (1); ils crurent nécessaire d'y mettre un frein, et cette nécessité fit passer par-dessus toutes les règles qu'on se prescrit ordinairement.

En effet, quel était le délit de l'auteur de ce Mémoire?

On disait qu'il n'avait qu'une connaissance superficielle des lois qu'il critiquait, et qu'il y avait dans son premier Mémoire plus d'éloquence que de logique.

Supposons que cela soit vrai ; mais jamais les défenseurs des parties n'ont été regardés comme coupables pour avoir employé des moyens que les juges ne trouvent pas bons.

On disait aussi que son plaidoyer était une satire sanglante des juges ; mais on ne

---

(1) Ce qu'on appelait l'an passé *le public*, est ce qu'on appelle aujourd'hui *la nation*.

peut pas attaquer un jugement sans dire que les juges ont eu tort de le rendre.

Nous avons déjà remarqué ailleurs que, malgré les gênes établies en France sur l'*imprimerie,* on a toujours excepté les Mémoires des avocats, parce qu'on a reconnu que la liberté nécessaire pour la défense des citoyens ne subsisterait plus, si on voulait inspecter ces Mémoires comme les autres ouvrages qu'on imprime.

Lorsqu'un avocat diffame son adversaire par des injures ou des allégations absolument étrangères à sa cause, le corps des avocats le réprimande, et il y en a eu de rayés du tableau.

Mais quand les faits allégués peuvent avoir trait à la cause, quand l'avocat a pu croire que ce sont des moyens pour sa partie, on ne se permet pas de lui faire des reproches sur la véhémence avec laquelle il les a exposées. Or, quelque qualification qu'on donne aux traits du Mémoire de M. du Paty, dont la justice a été blessée, on ne peut pas dire qu'ils fussent étrangers à la cause dont il s'étoit chargé.

Cependant ces maximes qu'on observe

ordinairement n'arrêtèrent point le parlement dans cette occasion.

On rendit plainte. M. du Paty fut décrété sans examiner si sa charge de président d'un autre parlement le laissait justiciable de celui de Paris; et on raya du tableau l'avocat qui avait donné sa signature.

Il ne faut pas dire que cette rigueur était nécessaire pour réparer la réputation des juges outragés : c'était vengeance qu'on voulait et non réparation, et il faut bien prendre garde à cette différence.

L'arrêt qui condamne un livre ne fait point la justification de celui qui a été offensé. Le citoyen calomnié dans un écrit qui a été publié ne peut obtenir son absolution que du public, et ce ne peut être que par une réfutation à laquelle le calomniateur ait droit de répliquer.

La méthode de faire réfuter un auteur dans un discours foudroyant, prononcé par un avocat-général, ne peut jamais déterminer l'opinion du public, parce qu'on sait que lorsque ce magistrat a parlé, il n'est permis à personne de répondre.

On n'est point convaincu par celui qui établit une doctrine que personne ne peut contredire. On ne l'est jamais par l'avocat qui plaide une cause avant d'avoir entendu son adversaire.

L'arrêt contre M. du Paty et son avocat n'était donc pas fait pour réparer l'honneur des juges, mais pour punir les auteurs qui avaient manqué au respect dû à la magistrature.

Je crois que l'avocat a été depuis rétabli dans ses fonctions. Si cela est, cet acte de justice ou de clémence n'empêche point l'effet de l'arrêt.

On a pardonné à l'homme qui, en signant le Mémoire, n'avait pas prévu que la justice en serait irritée; mais l'avertissement est donné à tous les défenseurs des citoyens: on sait à présent que, s'il leur arrivait d'offenser les juges (même quand ce serait dans la vue de sauver la vie à un innocent), le corps entier de la magistrature leur ferait éprouver son ressentiment, et alors ils ne pourraient plus dire qu'ils croyaient que la carrière était libre.

La loi sera regardée comme faite par l'arrêt de M. du Paty, et on trouvera difficilement un avocat qui s'expose à la perte de son état.

Quant au prétendu délit d'avoir osé critiquer les ordonnances du royaume, je crois en vérité que cette accusation ne mérite plus d'être discutée.

Il est permis de penser, dans notre siècle, qu'il faut changer les ordonnances du siècle passé, comme il a été permis, dans le siècle passé, de croire qu'il fallait changer celles d'un autre siècle, qui furent abrogées en 1667 et 1670.

Non-seulement cette critique salutaire des lois est permise à tous les citoyens, mais elle leur est recommandée aujourd'hui par le Roi lui-même, puisqu'il vient d'annoncer aux notables « que la justice civile et criminelle seront perfectionnées » par les lumières qui leur seront données dans les assemblées nationales.

Les citoyens de tous les ordres qui vont être admis à cette importante discussion, ne pourront être instruits que par les ouvrages que chaque auteur, qui a étudié les lois, aura droit de publier.

Le parlement pouvait croire, il y a deux ans, que c'étoit une témérité de critiquer les anciennes lois, mais personne ne peut le soutenir aujourd'hui.

Voilà ce qui s'est passé en France et en Angleterre dans deux affaires qui ont été assez connues pour qu'on ne puisse pas dire que j'aie altéré les faits. Je demande qu'on compare, et ensuite on jugera si la loi qui supprimerait la censure en soumettant les auteurs à toute la rigueur de la justice, produirait les mêmes effets en France qu'en Angleterre ?

Ceux qui ne sont occupés que de mettre un frein à la licence, pourront en conclure que la nouvelle loi vaudrait mieux pour la France que pour l'Angleterre, parce qu'elle n'y aura pas l'inconvénient d'assurer l'impunité à ces pamphlets diffamatoires dans lesquels on se contente de supprimer le nom de celui qu'on insulte.

Mais on demande aussi la juste liberté d'écrire dans un siècle qui voit tous les jours éclore, sur tous les objets possibles, des vérités inconnues à nos ancêtres. Nous sommes dans un moment où la nation invoque les lumières de tous les citoyens sur les objets qui l'intéressent, et on doit prévoir que la nouvelle loi imposera silence à un très-grand nombre d'auteurs qui ne veulent pas s'exposer à un procès criminel.

Il y a des sciences où il ne serait pas possible d'écrire une ligne sans courir ce risque; par exemple, la morale et la métaphysique (1). Non-seulement il serait dangereux d'écrire des Traités de ces deux sciences, mais il faudrait s'interdire, dans tous les autres ouvrages, les réflexions morales ou métaphysiques, parce que chaque proposition est souvent regardée, par ceux qui sont d'une opinion contraire, comme le germe d'une erreur punissable, et que l'au-

---

(1) J'ai évité de prononcer le mot *philosophie*, parce que l'âcreté des disputes élevées depuis quarante ans n'a pas laissé à ce mot de signification certaine. Suivant les uns, toute grande idée, toute vérité nouvelle est regardée comme appartenante à la *philosophie*. Suivant d'autres, *philosophie* est devenue synonyme d'*impiété*. Je crois qu'en Grèce, dans le beau siècle de la littérature, qui fut cependant celui de la persécution des philosophes, et à Rome, dans les différens siècles où les philosophes furent bannis, il y avait diversité d'opinions sur la signification qu'il faut donner à ce nom.

Pour éviter les disputes autant qu'il est possible dans un Mémoire où je cherche à réunir les opinions de tout le monde sur une vérité importante, j'ai dû éviter de nommer *la philosophie*.

teur ne peut pas prévoir de quel système seront ses juges.

Il ne serait pas possible non plus d'écrire sans danger d'autres histoires que des chroniques sèches, dépouillées de toutes réflexions, et qui ne présentent au lecteur aucun tableau, parce qu'il n'y a aucune histoire dont on ne puisse faire l'application au tems présent, et que l'auteur pourrait être accusé d'avoir voulu, par malignité, faire faire cette application.

La jurisprudence est une des sciences dans lesquelles les auteurs auront plus à craindre en disant librement leur façon de penser, puisqu'ils auront pour juges ceux qui peuvent en avoir une différente, et qui ne veulent pas qu'on les contredise.

Quoique jusqu'à présent la censure ait mis les auteurs à l'abri des recherches de la justice, excepté dans quelques cas singuliers, on a vu quelquefois des magistrats de cour souveraine, qui avaient été avertis qu'un avocat ou un juge de province faisait imprimer un livre, envoyer chercher cet auteur, et exiger de lui la suppression des propositions de son ouvrage qui étaient contraires à leur façon de penser personnelle.

On croit peut-être que les sciences physiques seraient à l'abri de cette gêne ; et moi, je soutiens qu'elles y seraient aussi sujettes.

Rappelons-nous ce qui se passa, il y a quelques années, quand la méthode de l'inoculation fut proposée en France.

Une partie du public se récria contre ces innovateurs qui allaient répandre dans toutes les villes le venin de la petite vérole, et qui feraient sacrifier les malheureux enfans dont les pères et mères auraient été séduits par leurs systèmes extravagans.

Je me souviens que la plupart des magistrats étaient du nombre de ces ennemis de l'inoculation, et on rendit des arrêts qui en devaient rendre l'usage si difficile, qu'on espérait que cette méthode serait bientôt abandonnée.

Si le premier auteur qui écrivit sur l'inoculation n'avait pas eu une approbation légale, je ne doute pas que son livre n'eût été dénoncé, qu'on ne l'eût mandé, qu'on n'eût défendu à lui et à tout autre d'écrire en faveur de cette méthode dangereuse, et cependant les médecins anti-inoculateurs qui échauffaient leurs partisans, et nommément les magistrats, auraient eu la carrière libre.

Cela aurait peut-être suffi pour retarder, de quelques années, l'établissement de l'inoculation en France.

Je ne prononce point sur l'utilité de l'inoculation d'après ma façon de penser personnelle, parce que, dans un Mémoire comme celui-ci, je ne dois adopter aucune opinion particulière ; j'ai seulement à prouver qu'il est permis à chaque auteur d'établir la sienne. Mais à présent la doctrine de l'inoculation a si généralement prévalu, et est appuyée sur des autorités si respectables, qu'on ne peut pas dire que les magistrats qui composaient le parlement lorsque cette méthode fut apportée en France, dussent avoir le pouvoir d'y mettre obstacle.

Cela ne vient que de ce que le corps des juges, qui, en cette qualité, ne devraient avoir inspection que sur la jurisprudence (si tant est qu'aucun corps ou aucun particulier doive avoir inspection sur aucune science, excepté sur la théologie) ; de ce que ce corps, dis-je, se regarde en France comme juge (1) de la doctrine dans toutes les matières. C'est là ce qu'on ne voit pas

---

(1) Cependant n'allons pas jusqu'à accuser les magistrats de nos jours de chercher à usurper une autorité nouvelle ; ils ne font que suivre la route tracée par leurs ancêtres.

Dans les siècles passés, le parlement, et même tous les corps, ne connaissaient point de limites à leur pouvoir, et exerçaient le genre d'autorité qu'ils avaient sur tout ce qui leur paraissait répréhensible.

L'Eglise a quelquefois compromis son infaillibilité quand elle a voulu prononcer sur une question de droit, comme sur l'usure.

L'Université s'est aussi compromise quand elle a condamné les opinions philosophiques, qui ont triomphé malgré ses efforts.

Dans les mêmes tems la justice se croyait chargée de veiller à la santé des hommes, et on sait qu'elle a quelquefois interposé son autorité pour défendre l'usage de quelques médicamens nouveaux, qui cependant ont été depuis généralement employés.

On voit dans les histoires de l'Université, que, dans le tems d'une réformation, trois magistrats du parlement de Paris, envoyés pour y présider, déclarèrent gravement à la Faculté de médecine qu'il fallait s'en tenir à la seule doctrine d'Hippocrate et des anciens, et rejeter toutes les nouveautés comme pernicieuses.

Par cette singulière injonction on proscrivait d'aen Angleterre, où les juges savent qu'ils ne sont que des juges, et où l'assemblée de la

---

vance la doctrine de la circulation du sang, qui fut découverte peu de tems après : on abolissait l'usage de tous les remèdes que nous tenons des arabes, qui sont ceux qu'on emploie à présent le plus souvent, et de tous les médicamens venus des pays inconnus aux anciens ; enfin, on renonçait à toutes les connaissances acquises par l'anatomie, puisque, du tems des anciens, la dissection des corps humains était défendue comme un crime.

Les magistrats qui prononcèrent cet oracle au nom du parlement dont ils étaient députés, étaient, si je ne me trompe, Jacques-Auguste de Thou, l'historien, Edouard Molé, Lazare Cocqueley, trois des plus grands magistrats qu'ait eus la France.

Je suis fâché que des hommes d'un si grand mérite aient dit une si grande sottise. Je la rapporte exprès pour faire voir aux magistrats d'aujourd'hui qu'on ne les offense pas en leur disant que, malgré leurs vertus et leurs lumières, ils ne doivent pas se permettre de proscrire les opinions qu'ils trouvent fausses ou dangereuses sur ce qui n'est pas de leur métier.

Au reste, dans le même tems que des jurisconsultes français voulaient prescrire des règles pour les études de la médecine, les théologiens italiens persécutaient Galilée pour avoir démontré des vérités astronomiques.

nation, composée de gens de tous les états, ne leur permettrait pas de prononcer sur ce qui n'est pas de leur compétence.

Passons à un autre objet. Nous avons dit que depuis quelques années, il paraît souvent des traités utiles fait par des ouvriers sur leurs métiers.

On croira peut-être qu'au moins pour les ouvrages de ce genre, on n'a pas à craindre la répréhension de la justice.

Et moi, je réponds que j'ai reçu plusieurs fois des plaintes à ce sujet, quand j'étais chargé de la *librairie*.

Presque toutes les fois qu'un artisan écrit sur son métier, les autres soutiennent qu'il ne l'a fait que pour ruiner ses confrères ; à quoi ils ne manquent pas d'ajouter qu'il a enseigné de mauvaises pratiques, qu'il a induit le public en erreur, et qu'ainsi son ouvrage est dangereux pour la société.

Je ne m'amusais pas à tâcher de leur faire entendre raison, car la dispute est inutile avec les gens qui sont mus par une passion ; je terminais l'affaire en leur disant que l'ouvrage avait été approuvé, qu'il était imprimé, ainsi que tout était fini.

Mais s'il n'y avait pas de censure, les

rivaux de l'auteur artisan chercheraient un protecteur parmi les magistrats, et quelquefois en trouveraient.

Je crois bien que, sur cette matière, l'avocat-général ne se chargerait pas de la discussion comme dans les questions de théologie et de philosophie.

On nommerait des experts, qui seraient, ou les maîtres et gardes de la communauté, ou d'autres anciens maîtres, tous gens intéressés à faire punir l'écrivain assez téméraire pour croire en savoir plus que ses anciens, ou assez infidèle pour dévoiler au public les secrets du métier.

Venons enfin aux belles-lettres proprement dites ; ce qui comprend la poésie, le theâtre, les romans, et en général tous les ouvrages d'agrément.

Quoique cette partie de la littérature ne soit pas pour les hommes d'une nécessité première, on ne saurait nier qu'elle ne contribue à la gloire d'un siècle et d'une nation, et, malgré les paradoxes avancés de nos jours, on doit convenir que les belles-lettres ont adouci les mœurs, qu'elles ont quelquefois tiré les nations de la barbarie. On doit se souvenir que, dans le siècle de Louis XIV, comme dans celui d'Auguste, elles ont fait oublier la fureur des guerres civiles.

Doit-on exposer ceux qui s'y adonnent à des dangers toujours renaissans?

Si les auteurs de ce genre étaient exposés à être repris par la justice sans avoir, comme à présent, la sauve-garde d'une approbation, ils n'auraient aucune règle pour savoir ce qui leur est permis ou défendu (1).

---

(1) Il était nécessaire à Racine, pour sa comédie des *Plaideurs*, qu'il y eût, dans les gens du métier, un traître qui lui fournît plusieurs traits et les termes techniques.

Molière avait un médecin de ses amis qui lui rendait le même service pour toutes les comédies où il a mis des médecins sur le théâtre.

J'ai trouvé dans les papiers de ma famille, desquels j'ai tiré bien des anecdotes, que c'était l'avocat Fourcroy, le plus fameux avocat de son tems, qui rendit ce service à Racine.

M. de Fourcroy avait dans sa jeunesse voulu être homme de lettres, et il y a quelques traits contre lui dans les premières satires de Boileau. Vous verrez tout cela dans Brossette.

M. de Fourcroy ne s'en fâcha pas, et devint le

Nous avons vu des magistrats indignés contre *le Mariage de Figaro*, parce qu'il y a un juge très-ridicule. Ils ne se rappelaient

---

meilleur ami de Boileau ; ce que vous verrez aussi dans Brossette.

Il était aussi l'ami intime du premier président de Lamoignon mon bisaïeul, et de son fils, avocat-général, mon grand-père, ainsi que M. de Baville, son frère.

J'ai vu dans leurs lettres, que cet avocat, qui était un homme d'esprit et un homme très-gai, était l'amusement de leur société.

Il avait une maison de campagne dans un village de la terre de Baville, et le premier président l'avait fait son bailli ; il passait toutes les vacances de palais dans cette petite maison, et était presque toujours au château de Baville, où Boileau, Racine, le père Bourdaloue et d'autres allaient aussi fort souvent.

Ce fut là que Racine avec Fourcroy lurent la comédie des *Plaideurs* ; et non-seulement le premier président ne s'en formalisa pas, mais il y ajouta quelques-uns de ces traits qui ne pouvaient être fournis que par un homme du métier, et Racine les employa.

Il y a deux ans que je fus très-aise de me rappeler cette anecdote, et de la rapporter à des magistrats du parlement qui étaient très en colère contre la comédie de M. de Beaumarchais.

J'avoue que je n'ai pas été fâché de rapporter ce

pas que, dans le siècle passé, M. de Fourcroy, homme de lettres, et le plus célèbre avocat de son tems, qui était ami de Ra-

---

trait dans mon Mémoire, parce que c'est ce même premier président qui s'opposa au *Tartufe.*

Je n'ai pas prétendu l'en justifier; mais seulement faire voir que si le zèle de la dévotion le portait trop loin, il n'avait pas un attachement aussi ridicule que celui que jé vois aujourd'hui pour la vanité de sa robe.

Quant à l'histoire du *Tartufe*, tout le monde la sait; mais il y a une réflexion à faire que tout le monde ne fait pas.

Le premier président fit défendre la représentation; il était dévot dans un tems où la cour de Louis XIV ne l'était pas encore; car si *le Tartufe* eût été fait vingt ans plus tard, il n'aurait jamais paru pendant toute la vie de Louis XIV.

On disait que la peinture d'un faux dévot servirait de prétexte pour décrier la véritable piété.

Il en est réellement resté, que *Tartufe* est devenu un mot de la langue, et que c'est l'injure qu'on dit aux dévots, vrais ou faux: à quoi il n'y a pas grand mal; car quand on ne les appelait pas tartufes, on les appelait toujours hypocrites.

Ce fut du Roi personnellement que Molière obtint la permission de jouer sa pièce. Alors le parlement ne s'en mêla plus; mais survinrent les dévots de la cour, qui dans ce tems-là n'étaient que les évêques et les confesseurs du Roi.

cine, et le premier président du parlement lui-même, lui fournirent plusieurs traits pour la comédie des *Plaideurs*.

Je me souviens que, dans le tems d'une comédie de Piron, où il y avait un auditeur des comptes qui n'avait pas beaucoup d'esprit, on s'en plaignit à la police de la part

La restriction qu'on fit mettre à la permission fut de défendre à Molière d'habiller son Tartufe en abbé. On craignit ensuite qu'on ne lui donnât un habillement si voisin de celui d'un abbé, qu'on pût s'y méprendre. On ordonna qu'il serait habillé comme les gens du monde, et spécialement qu'il porterait une épée ; et on assure que le pieux Louis XIV (car il l'a toujours été dans le fond du cœur) voulut bien entrer lui-même dans ce détail. Il est certain que ce n'est que depuis sa mort que l'acteur qui joue *Tartufe*, s'est permis de prendre un autre costume.

Il est donc évident qu'on songeait moins à faire respecter la véritable piété, qu'à épargner un petit ridicule à ceux qui portent l'habit ecclésiastique, et que, de tout tems, ce sont l'esprit de parti et l'esprit de corps qui se sont manifestés sous le nom de *zèle pour la religion*.

On a cependant vu d'autres abbés mis sur le théâtre; un par Dancourt, un par Boursault, un par Poinsinet : aussi j'ai vu des ecclésiastiques en murmurer, et trouver que c'était un scandale ; cependant il n'y a pas eu de défense.

de la chambre des comptes ; et à Toulouse, le corps municipal a voulu empêcher la représentation de *la Métromanie*, parce qu'il y a un capitoul (1).

---

(1) La pièce de Piron, où il y avait un auditeur des comptes, est celle des *Fils ingrats;* elle eut du succès dans le tems. Je crois qu'on ne la joue plus aujourd'hui.

On y fait le portrait des trois fils ingrats, qui sont d'états différens, et il y a ce vers :

Le Capitaine un fat, et l'Auditeur un sot.

et il est vrai que dans plusieurs autres endroits de la pièce on dit : *l'Auditeur est un sot.*

Aucun capitaine ne s'avisa de s'en fâcher, mais beaucoup les auditeurs.

Il y en eut un avec qui je m'en expliquai quelques années après, et qui me dit ingénuement que cela était fort désagréable pour eux, parce que, dans le tems qu'on jouait cette pièce, quand il arrivait à un pauvre auditeur de dire dans sa société quelque chose qui ne plaisait pas à toute la compagnie, il s'apercevait qu'on se disait à l'oreille : *l'Auditeur est un sot.*

Je crois que le plus sot de tout le corps fut celui qui en porta des plaintes à la police ; car suivant ceux de qui je tiens l'anecdote, ce ne fut pas le premier président ni le procureur-général qui portèrent des plaintes au nom de la compagnie : ce furent seulement quelques auditeurs qui allèrent trouver le lieu-

La peinture des hommes est le grand objet des ouvrages du genre dont nous parlons; et plus la peinture des hommes est ressemblante, plus on en fait l'application à quelques hommes en particulier.

Si la nouvelle loi avait eu lieu dans les siècles passés, Molière et La Bruyère auraient eu beaucoup de procès criminels à soutenir, et il y en aurait eu quelques-uns où ils auraient succombé.

Ou plutôt je crois que La Bruyère aurait pris le parti de ne pas imprimer en France; et Molière, qui n'avait pas cette ressource pour la représentation de ses pièces (1), se

---

tenant de police; et on aurait eu égard à leurs justes représentations, mais malheureusement il n'était plus tems, parce qu'il y avait déjà eu deux ou trois représentations de la pièce.

(1) On voit que je réunis dans cet article ce qui s'observe en France pour la représentation des pièces de théâtre, à ce qui s'observe pour l'impression des livres. Ce sont deux polices différentes, mais toutes deux dans les mêmes principes.

Il faut pour la représentation de chaque pièce nouvelle, une permission expresse et une censure préalable.

En Angleterre, quoique la presse soit libre, il y a la même règle qu'en France sur la représentation

serait peut-être réduit au genre de comédie qui n'est piquant que par le comique des situations, et nous serions privés de ces belles pièces de caractère, qui sont devenues pour la nation une excellente école de mœurs, mais dont quelques-uns de ses contemporains étaient trop irrités.

Voilà l'état où la littérature aurait été réduite dans le beau siècle de Louis XIV, si les auteurs avaient eu à craindre les rigueurs d'une justice qui est toujours arbitraire.

Mais ce n'est pas là ce qui arriverait dans notre siècle. Je suis persuadé que la crainte des caprices de la justice y produirait ce qu'a produit la tyrannie de la censure.

Les mêmes moyens qu'on emploie pour imprimer et vendre en fraude malgré la police, seraient pris pour empêcher la justice réglée de découvrir les auteurs, impri-

---

des ouvrages dramatiques; et s'il y a quelque différence entre la liberté ou la licence du théâtre anglais et du théâtre français, elle ne vient que de la différence des mœurs des deux nations, et peut-être de ce que le public de Londres, qui jusqu'à présent a été plus puissant que celui de Paris, fait la loi à ceux qui donnent et refusent les permissions.

meurs et distributeurs des livres qu'il lui plairait de condamner.

On ferait imprimer en pays étranger ou dans les provinces, où les presses sont éloignées des regards des magistrats.

Les libraires ne vendraient la plupart des livres que dans leurs arrière-boutiques, jusqu'à ce qu'ils eussent fait leur effet dans le public, et qu'on fût bien assuré que la justice ne s'en formaliserait pas : ils auraient, comme à présent, des magasins secrets, et les personnes les plus considérables leur donneraient asile, et leur faciliteraient l'entrée de leurs livres dans les villes.

Enfin, l'art des *presses domestiques* deviendrait encore plus commun, et, dans bien des maisons, on prendrait un domestique qui sût imprimer, comme aujourd'hui on en prend un qui sait copier.

Ainsi la licence dont on se plaint régnerait comme aujourd'hui ; mais on serait privé, comme aujourd'hui, des ouvrages de beaucoup d'auteurs qui ne veulent pas se faire des affaires ; et beaucoup de gens de lettres dont la littérature est en quelque sorte le patrimoine, et qui tirent leur subsistance ou du moins leur aisance du produit des livres qu'ils font paraître par un commerce licite et soumis à la censure, seraient très à plaindre, puisqu'il leur faudrait, ou y renoncer, ou être exposés tous les jours à des querelles avec la justice; ce qui, pour d'honnêtes gens, est très-douloureux et très-humiliant.

CHAPITRE VI.

QUESTION SIXIÈME.

Peut-on concilier la loi d'Angleterre, qui n'exige pas la censure, et l'ordre judiciaire établi en France? et comment peut-on éviter les inconvéniens exposés dans les précédentes questions?

Il paraît d'abord difficile de résoudre ce problême, après avoir établi dans le troisième chapitre qu'il faut renoncer à exiger la permission expresse et la censure préalable, et, dans le cinquième, qu'on ne peut pas soumettre les auteurs aux rigueurs de la justice, telle qu'elle s'exerce en France, sans leur laisser un moyen pour s'assurer, avant de faire paraître leurs ouvrages, qu'ils ne seront point exposés à un affront.

Je vais proposer le réglement que je crois le meilleur, mais en avertissant que je ne me flatte pas que ce soit un moyen d'obvier à tous les abus de l'*impression;* car je ne crois pas que cela soit possible dans un siècle où le goût des livres est une espèce de passion pour une assez grande partie du public.

Il est juste et nécessaire que l'auteur qui de bonne foi ne cherche pas à abuser de l'*impression* puisse avoir la sûreté de sa personne, et ne soit pas exposé à un procès criminel, si malheureusement ses intentions sont mal interprétées dans les tribunaux.

Jusqu'à présent les auteurs jouissaient de cette sécurité par la censure, à la vérité sous la condition de se soumettre aux corrections qu'on exigeait d'eux.

Cette condition est dure; cependant, il y a encore des auteurs qui aimeront mieux y être soumis que de courir des risques : il est juste de leur accorder cette faculté.

Je ne suis donc pas d'avis d'abolir la censure; je crois même qu'il faut prononcer, plus précisément qu'on ne l'a fait jusqu'à présent, que les auteurs qui auront subi cette épreuve ne pourront plus être recherchés par la justice (ce que j'expliquerai dans un moment).

Mais je crois qu'il ne faut pas soumettre à la censure ceux qui y ont de la répugnance, et qu'il faut permettre à ceux-là d'imprimer à leurs risque, péril et fortune; ce qui est la *liberté de la presse* demandée par une partie du public, et en dernier lieu par le parlement.

Par ce moyen, les auteurs sages ou timides, qui ne veulent pas se faire des affaires, pourront écrire en sûreté, et ceux qui supportent impatiemment le joug de la censure, pourront s'y soustraire. On aura le choix.

Il y a cependant sur ce réglement quelques observations à faire, et il y aura quelques précautions à prendre; les unes pour la sûreté des auteurs de bonne foi et des censeurs; les autres pour obvier, autant qu'il est possible, à la licence; c'est ce qui nous reste à examiner (1).

---

(1) En relisant ce dernier chapitre, qui est la con-

1°. *Précautions pour la sûrete des Censeurs, et celle des Auteurs qui ne se seront pas soumis à la censure.*

Nous avons dit que jusqu'à présent ceux qui croyaient avoir à se plaindre d'un livre imprimé avec approbation, ne s'adressaient ordinairement qu'au chef de la justice, sous les ordres de qui se faisait la censure, ou au lieutenant de police pour les petits ouvrages dont il autorise l'impression.

Mais je n'assurerais point aujourd'hui qu'il en serait de même.

Il y a déjà eu des exemples d'auteurs approuvés, et même de censeurs dénoncés à la

---

clusion des précédens, on s'est aperçu qu'on y a souvent répété ce qui a déjà été dit.

J'en demande pardon à ceux que les répétitions ennuient; mais quand on a fort à cœur de persuader ses lecteurs, il est souvent bon de rapprocher les principes qu'on a établis des conséquences qu'on en tire.

J'ai souvent entendu dire que le défaut de la plupart des avocats est de répéter. C'est l'expérience qui leur a appris que cela est souvent nécessaire.

justice : c'est ce qui est arrivé à l'occasion du livre *de l'Esprit.*

Nous avons déjà observé que toutes les puissances, et même une grande partie du public, étaient alors réunies contre cet ouvrage, et que le cri était général.

L'auteur et le censeur se trouvant exposés à cet orage, ne voulurent pas incidenter sur la compétence du juge ; ils crurent avoir meilleur marché du parlement en se soumettant à lui ; et dans le fait je crois que le parlement ne fut pas fâché d'avoir cette occasion d'exercer son pouvoir sur un livre : il fut content de la soumission des deux accusés, et leur fit seulement une injonction.

On les aurait peut-être traités plus sévèrement s'ils avaient entrepris de décliner la juridiction, et je ne crois pas qu'ils eussent été soutenus dans cette entreprise, car leurs protecteurs les avaient abandonnés ; personne n'était disposé à prendre leur parti, et dans ce pays-ci on se détermine beaucoup plus par les circonstances particulières que par des principes généraux.

Je ne sais pas ce qui s'est passé depuis mon tems ; mais dès qu'il y a eu un premier exemple, je suis persuadé qu'il y en a eu d'autres.

Si le parlement a trouvé d'autres occasions d'exercer son pouvoir contre quelques censeurs, de concert avec le Gouvernement, il ne les aura pas laissé échapper.

Le parlement ayant des exemples, et se fondant sur le principe général qu'il est le juge de tous les délits, soutiendra sûrement que l'approbation donnée par un censeur royal n'est point une excuse légitime pour l'auteur, et que le censeur n'est qu'un complice qui mérite aussi d'être poursuivi suivant la rigueur des lois.

Nous sommes dans un moment où tous les corps sont disposés à exercer tous leurs droits, même ceux dont ils ne faisaient jamais usage.

Jusqu'à présent le parlement et les autres tribunaux étaient accoutumés à voir leurs poursuites arrêtées par la seule autorité du Roi.

On savait que quand un ouvrage serait approuvé par l'administration, le Roi ne laisserait ni l'auteur ni le censeur exposés aux poursuites judiciaires. C'est pourquoi le ministère public ne mettait les auteurs et les censeurs en cause qu'après s'être assuré du consentement du chef de la justice.

Mais il ne faut pas se flatter qu'à présent le parlement se conduise d'après de telles considérations.

Ainsi, s'il est juste qu'un auteur qui s'est soumis à la censure n'ait plus rien à craindre ; s'il est juste qu'un censeur qui s'est conformé aux instructions de son ministre soit en sûreté, il faut que cela soit décidé par une loi connue du parlement et qui soit enregistrée.

Examinons donc s'il est juste de donner cette sûreté aux auteurs et aux censeurs.

Parlons d'abord des auteurs.

Si ceux qui se sont soumis à la censure sont encore exposés aux recherches de la justice, il s'ensuivra que dans le moment où la nation demande *la liberté de la presse*, on soumettra les auteurs à un joug infiniment plus dur que celui auquel ils étaient soumis en France, et que celui auquel ils le sont dans tous les pays du monde.

J'ai assez expliqué qu'on ne peut pas comparer la France à l'Angleterre ni aux autres pays de liberté où les auteurs sont sous la sauve-garde de la nation.

Dans tous les autres il y a une censure elle est rigoureuse en France ; je crois qu'elle l'est encore plus en Espagne et en Portugal, mais au moins celui qui s'y est soumis n'a plus un procès criminel à craindre.

Dans tout pays policé et qui n'est pas régi par le despotisme arbitraire d'un pacha, le citoyen qui veut obéir aux lois, qui ne veut pas troubler la société, est certain de ne jamais subir une condamnation, parce qu'il connaît les lois suivant lesquelles il serait jugé.

En France, les gens de lettres seraient les seuls qui ne jouiraient pas de cette tranquillité si on pouvait les inquiéter sur leurs écrits, parce qu'il n'y a aucune loi qui fixe en quoi consiste le crime d'un ouvrage imprimé.

Qu'on ne dise pas qu'un auteur doit savoir si son livre est répréhensible ou s'il ne l'est pas; qu'il n'a rien à craindre de la justice.

Nous avons dit dans le cours de ce Mémoire, que ce qui est répréhensible aux yeux d'un homme ne l'est pas aux yeux d'un autre; et en admettant l'infaillibilité des juges, dont tout le monde ne convient pas, il serait toujours très-injuste qu'un auteur qui se serait trompé, qui de bonne foi n'aurait pas vu dans son livre le délit que la justice y trouvera, pût être flétri par un arrêt.

Il est donc d'une justice évidente de donner à l'auteur qui ne veut point contrevenir aux lois, un garant par qui (si j'ose me servir de ce terme) il puisse se faire assurer contre les procédures criminelles, comme on assure un vaisseau contre les risques de la mer.

Les principes de la censure sont arbitraires : c'est pour cela qu'elle était regardée par la plupart des auteurs comme une tyrannie. Ils se plaignaient d'être soumis à la façon de penser personnelle d'un homme de lettres qu'on constituait leur juge.

Mais s'ils sont répréhensibles par la justice, ce ne sera plus des fantaisies d'un seul homme qu'ils dépendront ; ce sera de celles de tous les conseillers au parlement et au châtelet, à qui leur livre déplaira, et qui jugeront à propos de le dénoncer.

Je sais que le tribunal entier n'est pas toujours de l'avis du dénonciateur ; mais personne n'ignore que très-souvent la véhémence de ce dénonciateur qui a lu le livre, qui s'est échauffé contre des opinions contraires à la sienne, entraîne la pluralité des juges, qui ne peuvent pas avoir mis le tems nécessaire à l'examen réfléchi d'un livre écrit sur des matières qui ne sont pas l'objet de leurs études ordinaires.

D'ailleurs, quelle différence entre la gêne de la censure, et la crainte qu'on doit avoir d'un jugement ?

Les fantaisies d'un censeur sont incommodes pour l'auteur qui est obligé de leur sacrifier quelques traits de son ouvrage. Mais si la justice a aussi ses fantaisies, elles seront cruelles, puisqu'elles feront subir à l'auteur l'humiliation d'une condamnation qu'un honnête homme ne peut jamais mériter.

Beaucoup de gens fort instruits et dont les lumières pourraient être très-utiles à la nation, n'écriront point s'ils ont à rendre compte de leurs ouvrages à des tribunaux qui n'ont point de loi pour règle de leurs jugemens.

Or, ces auteurs sont peut-être ceux par qui on a le plus besoin d'être éclairé ; car ce sont précisément les gens sages et réfléchis qui ont cette crainte, pendant que les étourdis et les enthousiastes risquent tout pour la gloire d'avoir produit une opinion nouvelle.

Lorsque l'ouvrage approuvé est réellement condamnable, c'est le censeur seul qui est coupable. Il y a un seul cas où c'est à l'auteur qu'il faut s'en prendre, et non au censeur.

C'est celui où le censeur a été trompé par l'auteur sans pouvoir l'éviter.

Ce cas n'est que celui des satires personnelles, de ces allusions, de ces portraits où, sans nommer celui qu'on attaque, on le désigne si bien, que cela devient une diffamation publique.

Le *libelle diffamatoire* est un délit grave, qui ne doit pas rester impuni; mais le censeur n'en doit pas répondre.

Il n'est pas possible à celui qui lit un manuscrit, de reconnaître l'intention maligne d'un auteur satirique, parce qu'aucun homme ne peut savoir l'histoire de chaque individu ni les anecdotes de chaque société.

Cependant lorsque le livre est imprimé, la satire est bientôt a perçue par le public entier, parce que ceux qui sont instruits des anecdotes en donnent la clef.

S'il est évident que l'intention a été de diffamer un citoyen (ce que la justice ne regarde jamais comme évident en Angleterre, et ce qu'elle regardera quelquefois comme évident en France), l'auteur qui a en cette intention est coupable ; le censeur qui ne l'a pas devinée n'a rien à se reprocher.

Le censeur doit veiller à ce qui intéresse l'ordre public, et ne doit être chargé que de cela.

Celui qui choisit les censeurs ne doit confier cette fonction qu'à des gens qui joignent à l'honnêteté et à la prudence assez de lumières pour juger de ce qui est contraire à la religion, à la morale et aux lois du royaume, mais c'est tout ce qu'on peut exiger d'eux

Cependant si le trait satirique est aperçu par le censeur, il doit certainement refuser son approbation. Je dis seulement qu'il n'est pas dans son tort quand il ne l'a pas aperçu.

Les principes que j'établis ici ne sont pas nouveaux.

Dès le tems que j'étais chargé de la *librairie*, personne ne pensait qu'un particulier offensé dans un livre fût non-recevable à rendre plainte contre l'auteur, parce que le livre avait eu une approbation de censeur.

J'ai vu de mon tems des plaintes de ce genre faites au châtelet, sans qu'on ait imaginé de les évoquer sous prétexte quil y avait une permission donnée par le Roi.

Mais comme je crois nécessaire que la loi qu'on va faire, porte expressément que les auteurs qui auront subi la censure seront à l'abri des recherches de la justice, je pense qu'il faut bien expliquer que c'est sans préjudice de l'action des particuliers, soit en réparation d'injure, et pour cause de calomnie ou de diffamation, soit pour toute autre cause personnelle aux plaignans.

Parlons à présent des censeurs.

Celui qui aurait approuvé un ouvrage contraire à la religion, aux mœurs, aux principes de la société doit être puni, mais je soutiens qu'il ne doit l'être que par l'autorité immédiate du Roi.

Je sens que dans ce moment où il y a un cri général contre les actes d'autorité arbitraire, cette proposition effarouchera d'abord presque tous ceux qui l'entendront.

Je sais aussi que dans tous les tems les magistrats auraient soutenu qu'il n'y a aucun délit qui ne doive être puni par la justice réglée.

Cependant si on veut bien s'en tenir à ce premier sentiment, qu'on se donne la peine de m'entendre, et qu'on ait la patience d'examiner la question de sang-froid, j'espère que tout le monde finira par être de mon avis.

Je prétends démontrer, 1°. que la punition d'un censeur faite par l'autorité du Roi, dont il tient sa mission, n'est point contraire au droit qu'ont tous les citoyens de n'être jugés que par les tribunaux; 2°. qu'il serait contraire à la justice naturelle, supérieure à toutes les lois, que les fautes commises par un censeur dans ses fonctions, fussent jugées par d'autres que par le Roi lui-même.

Preuve de la première proposition.

Le censeur accusé d'avoir prévariqué dans ses fonctions, doit être jugé par d'autres juges et suivant d'autres lois que celles qui sont établies pour tous les délits, comme le militaire est jugé par la loi militaire.

Cette loi militaire est établie par-tout; elle l'est en Angleterre comme en France, et elle n'a jamais été regardée comme contraire au droit commun des citoyens, quoiqu'elle soit une exception à ce droit, parce que le militaire s'y est soumis quand il est entré au service.

Prenons une autre comparaison encore plus applicable à la censure.

Un ministre du Roi dans les cours étrangères peut prévariquer dans ses fonctions, et même commettre en cela des crimes très-graves. Ce ne peut être ni le châtelet ni le parlement qui le jugent, parce que ses instructions sont des pièces secrètes que le Roi ne peut pas communiquer aux officiers de ses tribunaux.

Il en serait de même d'un commis des affaires étrangères, ou du secrétaire d'un ambassadeur qui aurait trahi la confiance de son ministre.

Je ne sais pas si en Angleterre ceux qui entrent dans la carrière politique, sont exceptés du droit qu'ont tous les citoyens d'être jugés par la loi commune; je sais seulement que cette exception est aussi conforme au droit naturel, que celle qui est admise pour les gens de guerre, et je trouve qu'un censeur de livres est dans le même cas.

Il s'est soumis à l'administration lorsqu'il a accepté la commission de censeur, et les tribunaux ne peuvent pas le juger, parce qu'ils ne connaissent pas les instructions qu'il a reçues de l'administration.

Preuve de la seconde proposition.

C'est à présent la cause des censeurs que je vais plaider. Je dis qu'il serait très-injuste qu'ils pussent être jugés par aucune autre puissance que par l'administration, et si on veut bien y réfléchir, on ne pourra le nier.

Nous avons dit que le ministre dans les cours étrangères ne peut être jugé que par ceux qui ont le secret de ses instructions qui font charge contre lui.

Quant au censeur des livres, ce sont les instructions qu'ils ont reçues de l'administration qui font leur décharge. Il n'est donc pas possible de les faire juger par un tribunal qui n'en a pas connaissance.

Dira-t-on qu'un censeur n'a point d'instructions secrètes à recevoir, et qu'il doit se conduire par ses propres lumières? Mais a-t-on oublié la vérité fondamentale, et que je regarde comme la base de ce Mémoire, que les principes de la censure sont arbitraires en France?

Ils le seront toujours jusqu'à ce qu'il soit établi en France, comme en Angleterre, qu'on ne peut trouver nul délit dans un livre, à moins que les propositions qui y sont contenues, ne soient directement, et *in terminis*, des propositions criminelles, et que la mauvaise intention ne doit jamais être présumée.

Or, nous sommes encore bien loin de nous conduire en France d'après cette maxime.

J'ai prouvé que nos principes sur la censure sont arbitraires, en faisant voir les variations qu'ils ont subies depuis cinquante ans.

Cela est plus évident que jamais dans cette année, où on est obligé de permettre, pour l'instruction de la nation, des livres qu'on aurait sévérement défendus avant la première assemblée des notables.

Rappelons-nous que *l'Esprit des lois*, proscrit, dans son origine, par toutes les puissances, dont le débit n'a été toléré que quand il a été impossible de l'empêcher; ce livre que les magistrats du parlement ne permettaient pas de nommer dans les audiences il y a quatre ans, est aujourd'hui un livre nécessaire à tous ceux qui prendront part aux assemblées nationales, soit pour en adopter les principes, soit pour les combattre.

Les principes de la censure étant incertains, le censeur n'a autre chose à faire, dans les cas douteux, que de consulter le magistrat dont il tient sa commission, qui lui-même reçoit ses instructions du chef de la justice, et le chef de la justice doit savoir quelles sont les intentions du Roi.

Je dirai ici des censeurs ce que j'ai dit des auteurs. Ils ne jouiraient pas de la sûreté que doivent avoir tous les citoyens, et qu'ils ont par-tout, excepté dans les pays de despotisme oriental; ils ne seroient pas à l'abri d'une accusation criminelle en observant la loi, s'ils ne pouvaient pas consulter, sur une loi arbitraire, ceux par qui ils seront jugés.

Or, peut-on consulter des tribunaux? Nous avons dit que dans le tems de la condamnation de l'*Encyclopédie*, le parlement nomma, pour les derniers volumes, des censeurs qui, par l'événement, ne remplirent pas cette fonction.

S'ils avaient eu à la remplir, comment se

seraient-ils déterminés lorsqu'il y aurait eu des articles sur lesquels on pouvait douter de ce que penserait le parlement toutes les chambres assemblées?

Si les censeurs ont à rendre compte de leur conduite à une autre puissance que celle dont ils tiennent leur mission, et dont ils reçoivent les instructions, il n'y aurait aucun homme raisonnable qui pût accepter une place de censeur, excepté ceux qui sont certains de la bienveillance personnelle du parlement ; mais on n'est jamais sûr de la bienveillance personnelle d'un corps que quand on est homme de parti, et un homme de parti ne doit pas être censeur ; car la première qualité requise pour la censure est l'impartialité.

Je serais même d'avis de retrancher des anciens réglemens l'obligation de faire imprimer l'approbation du censeur à la suite des livres pour lesquels il y a permission publique et scellée ; car puisque le censeur ne doit répondre de son jugement qu'à son ministre, je ne voudrais pas non plus qu'il s'en rendît en quelque sorte responsable au public.

J'ai vu souvent des censeurs faire, sur

quelques livres, des difficultés que dans le fond de leur cœur ils ne trouvaient sûrement pas justes; mais ils craignaient de se faire personnellement des ennemis par leur approbation, et c'est en grande partie ce qui a fait établir les *permissions tacites*, où le censeur n'est pas nommé.

Cependant comme tout changement aux anciennes lois déplaît aux magistrats, et que celui-là ne me paraît pas d'une nécessité indispensable, je n'y insisterai pas.

Enfin, venons à la véritable objection, celle à laquelle on croit le parlement si attaché, qu'on craint qu'elle n'empêche l'enregistrement d'une loi qui pourrait soustraire la censure à la juridiction des tribunaux.

Pour moi, je ne le pense pas. Il est possible que quelques magistrats fassent à présent cette objection, parce que la question n'a pas encore été discutée; mais quand elle l'aura été, je suis persuadé qu'ils n'y insisteront pas.

Cette objection est qu'il est à craindre que l'administration ne favorise des ouvrages condamnables, et que, par une permission donnée mal-à-propos, elle ne réduise la justice à l'inaction dans le cas où sa sévérité serait le plus nécessaire.

Il n'y a que deux cas auxquels cette objection puisse s'appliquer, celui où la grande bonté du Roi le porterait à épargner un censeur coupable, et celui où le parlement, juge des délits, ne serait pas de même avis sur un livre que l'administration qui commet des censeurs.

Dans le premier cas, le Roi, en usant d'indulgence, ne fera qu'exercer le droit qu'il a toujours eu de faire grace ; ce n'est sûrement pas-là ce qu'on craint.

Quant au cas où l'administration protégerait un livre que les tribunaux trouveraient condamnable, je demande seulement qu'on réfléchisse sur les circonstauces dans lesquelles la question se présente.

Le parlement qu'on avait toujours cru opposé à *la liberté de la presse*, vient de la demander, et on croit que ce vœu sera secondé par celui des états-généraux.

La liberté demandée par le parlement n'est que la dispense pour les auteurs de se soumettre à la censure, en répondant de leurs ouvrages à la justice.

L'intention du parlement est certainement de procurer à tous les citoyens la faculté de parler à la nation par la voie de l'*impression*. Cependant il est évident que cette liberté ne sera pas entière pour les auteurs qui auraient à craindre la censure du parlement, bien plus redoutable que celle des censeurs royaux ; mais elle sera complète pour les auteurs qui seront dans les principes parlementaires.

Ainsi dans le cas où le Roi accordera la loi demandée, il renoncera à tous moyens de s'opposer à la publication d'un ouvrage que le parlement protégera.

La loi qui soustraira le censeur à l'autorité du parlement, ne fera autre chose que de réserver au Roi le même droit que les parlemens veulent acquérir, celui de laisser imprimer les ouvrages qu'il protégera, sans que le parlement puisse l'empêcher (1).

---

(1) Je ne serais pas étonné que les états-généraux demandassent qu'il fût statué que tout ce qui sera publié par le vœu de l'assemblée générale ou des assemblées nationales particulières, ne sera ni soumis à la censure ni sujet à la juridiction des tribunaux.

S'il arrivait (ce qu'on ne peut pas prévoir) que quelque assemblée provinciale prît une délibération condamnable, il y serait statué suivant les lois du

Pourrait-on soutenir, osera-t-on soutenir que le Roi ne doit pas avoir, autant que le parlement, la faculté de faire publier les livres qu'il approuve?

En vérité, quand un Roi fait les sacrifices immenses par lesquels il mérite aujourd'hui la reconnaissance de son peuple, on serait indigné qu'il y eût des corps dans le royaume qui voulussent lui disputer un droit qu'ils s'attribuent à eux-mêmes sous prétexte de demander *la liberté de la presse.*

Mais, je le répète, cela n'est pas à craindre: dès que la question sera bien entendue, on n'insistera pas sur l'objection.

Je sais qu'il y a des partisans de la puissance populaire, qui aimeraient mieux qu'il n'y eût ni censure, ni jugement des livres dans les tribunaux; et comme ils conviennent qu'il peut y avoir des livres punissables puisqu'il peut y avoir même des dis-

---

royaume pour le fait de la délibération, et non pas pour le fait de l'*impression.*

Je crois que les assemblées du clergé et les autres assemblées nationales ont toujours joui de ce droit, sans qu'il ait été prononcé par aucune loi; mais nous sommes dans un tems où tous ces droits doivent être constatés par des lois précises.

cours punissables, ils voudraient que la connaissance de ce délit fût déférée à un tribunal national, composé et choisi par les états-généraux, et ils ne désespèrent pas que les états ne l'obtiennent.

Cela est très-beau dans la spéculation; mais ce tribunal n'existe pas, et, si les états-généraux le demandent, ce ne sera pas vraisemblablement pour les seuls délits de *librairie.*

Quand il existera et qu'il connaîtra des autres délits, la connaissance de ceux de *librairie* lui sera indubitablement attribuée.

Mais en attendant que ce tribuual national soit institué, le moyen que je propose est celui qui me paraît le plus propre à procurer aux auteurs et à la nation une liberté réelle.

2°. *Précautions pour que la liberté accordée, en dispensant de la censure, ne dégénère pas en licence.*

On dira que, puisque la justice n'aura plus que le droit de punir les auteurs qui ne se seront pas soumis à la censure, il faut au moins lui donner l'exercice de ce droit dans toute son étendue, et pour cela tâcher d'empêcher les *impressions clandestines* par lesquelles un auteur coupable peut se soustraire aux recherches de la justice.

Je désire fort qu'on y réussisse; mais je ne crois pas que cela soit aisé.

J'ai souvent entendu proposer un moyen qui d'abord paraît plausible, et cependant que je croirais très-mauvais; c'est de permettre à tout le monde d'écrire, mais en se nommant. J'en proposerai un autre que je crois meilleur. Commençons par discuter celui-ci.

Je crois premièrement qu'on éluderait la loi en présentant des *prête-noms*. Ce n'est pas là ma plus forte objection.

Je soutiens que s'il était impossible d'imprimer sans se nommer, ce serait un grand obstacle à *la liberté de la presse* dans les matières pour lesquelles il est le plus important de l'établir.

Je m'attends à entendre prononcer le bel apophtegme, qu'un homme d'honneur ne doit jamais craindre de dire sa façon de penser, et je réponds que cette maxime me paraît ridicule, toute brillante qu'elle est.

Un homme courageux ne doit pas craindre de dire une vérité qui déplaise à un autre homme avec qui il puisse se mesurer. C'est là sans doute ce que veulent dire ceux qui profèrent cette grande maxime.

Mais on ne peut pas exiger de l'homme faible, de dire une vérité qui déplaît à l'homme puissant qui peut l'écraser, ni du particulier de dire celle qui déplaît à un corps contre la puissance de qui aucun particulier ne peut lutter.

Il y a donc bien des vérités qui ne seront jamais dites si on ne peut les dire qu'en se nommant; car il arrive souvent que ceux qui sont seuls à portée de faire connaître à la nation des vérités bien intéressantes, sont des gens qui, par leur situation, ne pourraient pas mettre leur nom à leurs ouvrages; et c'est à ce genre d'auteurs qu'il est important de donner toute la liberté possible.

Celui qui avance un fait dont il a connaissance personnelle, est un témoin qui doit se nommer pour soutenir sa déposition; mais celui qui disserte, qui discute, doit en être dispensé, puisque son nom est indifférent à la thèse qu'il soutient.

Prenons pour exemple les abus de la justice, dont il a été question plus d'une fois dans les anciens états-généraux. Je ne parle pas des abus commis par l'iniquité personnelle d'un juge : la dénonciation de ceux-là est une accusation personnelle ; je parle de ceux qui peuvent résulter du vice de nos lois ou des usages passés en force de lois , et à l'occasion desquels la nation pourra demander des changemens dans la jurisprudence ou même dans la constitution et la compétence des tribunaux.

Par qui la nation pourra-t-elle recevoir des instructions sur un objet si intéressant?

Il y aura des gens du monde, de beaux esprits, des philosophes, qui oseront tout dire et pourront présenter de très-bonnes vues.

Maie aucun d'eux ne connaît une infinité de détails dans lesquels consistent les abus, et d'autres qui peuvent faire trouver le moyen d'y remédier.

Je suis fort d'avis que, sur cette matière ainsi que sur les autres parties d'administration , on écoute les gens étrangers au corps, parce qu'il n'y a souvent qu'eux qui soient exempts de préventions ; mais il est évident qu'il faut entendre aussi ceux qui ont pratiqué toute leur vie, et qui ont seuls la science et l'expérience.

Il y a peut-être tel greffier de la tournelle d'un des parlemens du royaume, pour les matières criminelles, ou tel procureur au parlement ou au châtelet, pour la procédure civile, qui est l'homme le plus capable d'écrire un ouvrage instructif sur les abus de la justice, et qui l'écrira s'il n'est pas obligé de se nommer.

Mais si cet homme a un état qui lui soit nécessaire, s'il a une famille qu'il fasse subsister, peut-on exiger qu'il se déclare l'auteur d'un ouvrage qui le rendrait odieux à ceux dont son sort dépend?

J'ai pris la justice pour exemple, parce que c'est la seule profession dans laquelle j'ai passé ma vie.

Mais il en est de même de toutes les autres parties de l'administration publique. Il en est dont l'objet est une science compliquée, qui n'est bien sue que de ceux qui s'y sont livrés par état.

S'il y avait de grands abus dans l'administration de la marine, du génie, de l'artillerie, il serait intéressant pour la nation de les connaître, puisqu'elle fait pour ces objets des dépenses immenses.

Or, personne ne pourrait mieux les faire connaître que les officiers même de ces corps, ou ceux qui ont par état des relations continuelles avec eux, et le plus grand nombre ne voudront pas donner en leur nom des mémoires qui les compromettraient avec des corps respectables et puissans.

On m'en citera quelques-uns qui ont eu ce courage, peut-être cette témérité; mais il y en a fort peu; et pour que la vérité soit connue, il faut que tout le monde ose la dire.

S'il y a des corps puissans ou des hommes puissans qui craignent que de certains abus ne soient démasqués, il est très-prudent à eux d'appuyer le projet d'ordonner aux auteurs de se nommer.

Ce qui donne aussi de la faveur à ce projet, est l'aversion générale qu'on a contre les lettres anonymes, les délations anonymes, et tout ce qui porte le nom d'anonyme.

Il est trop vrai que la signification qu'on donne aux noms influe souvent sur les opinions des hommes. Ainsi je crois qu'il ne sera pas inutile de remonter au premier principe de ce sentiment, qui attache au mot *anonyme* une signification odieuse.

Le président de Montesquieu, avec son

laconisme et son énergie ordinaires, a dévoué à l'exécration publique les délations anonymes de Venise.

Je suis bien éloigné de combattre sur cela le jugement de ce grand homme ; mais s'il existait encore, je lui demanderais une explication.

J'oserais lui soutenir que ce qui rend cette inquisition vénitienne si odieuse n'est pas tant que les délations sont anonymes, mais qu'elles sont faites à une puissance qui statue arbitrairement sur la vie des hommes, et, ce qui est encore pire que l'arbitraire, une puissance dont la justice s'exerce clandestinement.

Si les délations anonymes étaient portées à un tribunal soumis à des lois, et où ces accusations fussent publiquement discutées, je ne crois pas que M. de Montesquieu en eût porté le même jugement.

En France, tout le monde regarde les lettres anonymes comme aussi odieuses que méprisables ; les femmes sur-tout n'en parlent qu'avec indignation, et elles ont grande raison, car rien n'est plus abominable que celles qu'on écrit quelquefois à des maris pour troubler la paix des familles.

Je n'entreprends pas d'examiner si le pouvoir donné par les lois aux maris sur leurs femmes est une puissance juste.

On a pensé en France que ce pouvoir, tel qu'il existait dans l'ancien droit romain, était excessif et même barbare.

Je respecte ce qui en reste comme une institution respectée chez toutes les nations, et que plusieurs gens de bien regardent comme tenant au sacrement.

Mais je peux dire, sans scandaliser personne, que cette puissance diffère de toutes les autres, en ce que tout le monde concourt à soustraire les fautes d'une femme à la connaissance de son mari. Le dévot le plus sévère, celui qui prescrira le plus rigoureusement aux femmes l'attachement à leurs devoirs et la soumission à l'autorité maritale, ne croira jamais devoir avertir un mari qu'il est trompé.

On considère d'un autre œil toutes les autres puissances. C'est faire l'action d'un bon citoyen de dénoncer un criminel à la justice (excepté dans le seul cas où la justice a des lois trop sévères, comme les nôtres sur le duel; ce qui rentre parfaitement dans mes principes).

On regarde comme une action non-seulement louable, mais quelquefois héroïque, d'avertir le Roi de l'abus que les ministres font de sa confiance. On croit remplir les jutes devoirs de l'amitié en faisant voir à un maître qu'il est trompé par ses domestiques, en avertissant un père de la mauvaise conduite de son fils; mais on regarderait comme un infâme celui qui ouvrirait les yeux d'un mari sur la conduite de sa femme.

Celui qui écrit une lettre anonyme à un mari est un homme vil, puisqu'il commet sous le masque une action qui le déshonorerait s'il la commettait à visage découvert.

Je trouve que l'indignation générale contre les lettres anonymes écrites aux maris vient à-peu-près du même principe que celle qu'on a contre ces délations de Venise. Ce sentiment est fondé sur ce que les délations excitent une puissance tyrannique, ou éclairent une puissance qu'il faut laisser dans l'erreur.

Mais il n'en faut pas conclure qu'il n'y ait pas de lettres anonymes utiles.

Il y en a qui sont même nécessaires pour

la classe des malheureux citoyens, à qui toutes les autres ressources manquent.

J'ai souvent vu des lettres anonymes, et je conviens que presque toutes ne méritent que du mépris; mais je certifie qu'il y en a qui pourraient produire de très-bons effets, si on y faisait assez d'attention.

Par exemple, il peut y avoir dans une province un intendant, un commandant, ou même un principal magistrat, qui abuse scandaleusement de son pouvoir, qui soit craint dans le pays, et qui passe pour avoir du crédit à la cour.

Un homme de ce caractère a communément l'adresse de se concilier l'amitié des gens considérables de la province, et de ceux de Paris et de la cour qui y passent; ce qui lui est très-aisé par les petits plaisirs qu'il fait aux uns, et la bonne réception qu'il fait aux autres.

Ce tyran de la province opprimera impunément le peuple, sans que la puissance souveraine puisse en être avertie autrement que par des lettres anonymes; car, quel est le malheureux qui osera se plaindre en son nom de la vexation qu'il a éprouvée?

Il sait que sa requête sera renvoyée sur les

lieux pour y être vérifiée par des gens à la dévotion de son persécuteur; que ce persécuteur lui-même en aura connaissance, et qu'il a des moyens de s'en venger cruellement.

Ainsi, lorsque j'entends des ministres, de grands seigneurs, des magistrats, déclamer contre les lettres anonymes, je trouve qu'ils entendent aussi bien leurs intérêts que les femmes, qui en parlent de même; mais je suis de l'avis des femmes pour ce qui les concerne, parce qu'il est odieux de troubler leur tranquillité, et même celle de leurs maris, par ces infâmes délations; et je ne suis pas de l'avis des grands, parce qu'il est nécessaire pour le peuple, qui craint l'oppression, que la conduite des grands soit éclairée.

S'il existait quelque part un tribunal constitué pour avoir la confiance entière des citoyens, par exemple, un tribunal élu par la nation même, et où la justice se rendît publiquement; si on y établissait cette espèce de tronc de Venise, où toutes les délations soient reçues; si de ces billets anonymes il était fait différens lots, distribués par la seule loi du hasard aux différens membres de ce sénat, pour rejeter ceux qui ne méritent aucune attention, et faire le rapport au tribunal de ceux qui sont dignes qu'on s'en occupe; qu'ensuite on n'y statuât qu'après avoir vérifié les faits suivant les lois et par l'instruction publique, cette institution ferait de la peine à quelques personnes, parce qu'on n'aime pas à être obligé de se justifier, même lorsqu'on est sûr d'y réussir; mais ce serait le frein le plus redoutable contre les vexations de tout genre.

Ce projet n'est qu'une chimère, qui n'est applicable ni à nos lois ni à nos mœurs; car en France on ne cesse de dire qu'il faut défendre les faibles contre l'oppression des puissances, et cependant je vois tous les jours que, par toutes sortes de considérations, on refuse aux faibles les seuls moyens de défense qu'ils puissent avoir.

Au reste, cette dissertation est très-inutile quant à l'usage des lettres anonymes, parce que je ne crois pas possible de les empêcher, et il y a long-tems qu'on l'aurait fait si on l'avait pu; mais je ne l'ai pas crue inutile pour détruire les préjugés qui favorisent le projet de ne permettre d'imprimer qu'en se nommant.

J'ai cependant remarqué qu'il faut excepter les ouvrages où l'auteur avance un fait dont il prétend avoir connaissance personnelle. Il faut certainement que cet auteur se nomme pour attester et prouver la vérité du fait qu'il avance, et il faut qu'il soit puni s'il est calomniateur.

Je conviens donc qu'il faut chercher un moyen pour que les libellistes calomniateurs soient découverts et punis.

Je n'approuve pas celui d'ordonner aux auteurs de tous les ouvrages qu'on imprime de se nommer. Je vais en proposer un autre.

C'est d'ordonner que les imprimeurs et libraires qui auront fait paraître les ouvrages pour lesquels on ne se sera pas soumis à la censure, soient responsables des condamnations civiles ou pécuniaires, sauf leur recours contre l'auteur (1).

---

(1) Dans ce dernier cas que j'ai prévu, qui est celui des ouvrages où il y a des faits avancés par l'auteur, le libraire peut dire qu'il ne peut pas prouver ces faits, parce que ce n'est pas lui qui en a con-

Il serait injuste de rendre le libraire responsable d'un livre censuré et approuvé.

On ne peut pas non plus le condamner, pour le livre qui a paru sans approbation, à une peine corporelle, qui ne peut être méritée que par celui qui a eu une intention criminelle, et le libraire peut très-bien n'avoir pas connu le danger du livre qu'il a imprimé.

Mais je ne trouve pas injuste qu'un libraire qui n'entreprend un ouvrage que pour gagner, coure le risque de perdre, pourvu qu'il soit averti par la loi qu'il s'y expose.

Il en arrivera qu'un libraire prudent n'imprimera que pour les auteurs qu'il connaît et qui sont solvables, ou qu'il se fera donner caution.

Si un inconnu vient lui présenter un livre à imprimer, il le fera examiner par quelqu'un en qui il ait confiance, ce que font presque tous les libraires, et il jugera

---

naissance; mais si l'auteur ne se présente pas pour les justifier, ces faits doivent être réputés calomnieux, et l'auteur, ainsi que sa caution, jugé en conséquence.

si le gain qu'il en espère compense le risque auquel il s'expose.

Je prévois une objection spécieuse : c'est que, par ce moyen, on pourra faire imprimer un livre, quelque scandaleux qu'il soit, en y sacrifiant la somme à laquelle on prévoit que montera l'amende.

Je dis que cette objection n'est que spécieuse, parce que cela arriverait également sans qu'on fasse la loi que je propose.

Quiconque voudra sacrifier une somme pour faire imprimer un livre, a mille moyens pour cela sans se compromettre, ne fût-ce que d'envoyer son manuscrit à un libraire étranger qui fera l'édition, et se chargera de faire entrer les exemplaires en France.

On en trouve aisément qui font gratuitement de pareilles entreprises ; ils s'y porteraient encore plus volontiers si on leur donnait de l'argent pour cela.

Il resterait la difficulté de faire débiter en France un livre imprimé chez l'étranger.

Mais il sera aussi difficile d'y faire débiter celui qui aura été imprimé en France lorsqu'il aura été condamné.

L'édition en sera saisie, à moins qu'on ne la cache avec les mêmes précautions et les mêmes risques que celles des livres imprimés clandestinement, ou bien venus de Hollande.

Ce serait donc une très-mauvaise spéculation de la part de l'auteur et de la part du libraire, de consigner en quelque sorte une amende pour faire imprimer en France ce qu'on peut faire imprimer ailleurs avec moins de frais et de risques.

Quant à la punition corporelle que pourrait mériter un auteur dont le livre serait véritablement criminel, on voit également qu'il lui est très-aisé de s'y soustraire par les mêmes moyens.

Soit que la loi de la nécessité de la censure soit conservée, soit que le parlement soit chargé de punir les livres répréhensibles, suivant l'exigence des cas, soit qu'on ordonne aux auteurs de se nommer, l'auteur d'un livre qui mérite punition corporelle serait bien insensé s'il ne le faisait pas imprimer hors de France, et même en France, soit dans les imprimeries clandestines, soit dans les imprimeries publiques, où on imprime souvent en fraude.

Ceux qui cherchent avec tant de zèle les moyens d'obvier à la licence des livres, qui ne désespèrent pas d'en trouver, qui s'en prennent à la négligence ou à la connivence de l'administration, ou à ce qu'on n'a pas établi sur cela une aussi bonne police qu'on le pourrait, ne songent pas que le commerce avec les étrangers rend inutiles toutes les précautions qu'on prend dans le royaume.

Ce commerce est plus facile en France que dans tous les pays du monde, par une raison particulière à la France.

Les livres anglais, allemands, espagnols, portugais, etc. ne s'impriment qu'en Angleterre, en Allemagne, en Espagne et en Portugal.

Mais il y a en Europe plusieurs pays hors de la domination du roi, tels que la Savoie, la moitié de la Suisse et la plus grande partie des Pays-Bas catholiques, où la langue que tout le monde parle est la langue française, et il y en a d'autres, comme le reste de la Suisse, des Provinces-Unies, l'Angleterre et une grande partie de l'Allemagne, où on trouve beaucoup d'imprimeurs qui sont dans l'habitude d'imprimer le français.

Ajoutons ce que nous avons dit dans le cours de ce Mémoire, le goût de la nation pour les livres, tant de la part de ceux qui les lisent, que de ceux qui veulent avoir une bibliothèque par vanité.

Or, il n'y a point de contrebande qui ne se fasse quand il y a beaucoup d'acheteurs pour les marchandises prohibées.

On préfère les livres qui ne sont pas permis. Ce n'est pas le seul objet sur lequel la défense irrite les désirs ; mais de plus, nous avons vu que depuis long-tems le refus de permission pour les ouvrages que le progrès des lumières rendait nécessaires a obligé le public à recourir aux livres défendus.

Je crois que si on avait fait, il y a soixante ans, la loi dont on sent aujourd'hui la nécessité, si on n'avait pas défendu ce qu'il est impossible d'empêcher, et qu'on eût réservé la rigueur des lois pour les livres qui méritent réellement d'être proscrits, et si en même tems la tyrannie des libraires de Paris, propriétaires des priviléges exclusifs, n'avait pas obligé les libraires de province à imprimer clandestinement ou à se fournir en Hollande, en Suisse et aux foires d'Allemagne, le débit des livres qui méritent d'être proscrits ne serait pas aussi facile qu'il l'est devenu.

Mais le mal est fait : les habitudes sont

prises : le commerce a pris cette route ; et quand les eaux d'une rivière sont détournées de leur lit, il est bien difficile de les y faire rentrer.

Il ne faut donc pas se flatter de faire cesser absolument le commerce des mauvais livres, et cette espérance chimérique ne doit pas empêcher de donner aux citoyens la juste liberté de parler à la nation par la voie de l'impression, liberté si nécessaire dans les circonstances présentes, et qui sera une partie essentielle de la constitution que la nation désire, et que le Roi est disposé à lui accorder.

Je conviens que, dans le plan que je propose, ceux qui désirent la liberté n'auront pas satisfaction complète, puisque, dans le cas où le parlement et le gouvernement seraient réunis pour la proscription d'un livre, les censeurs refuseraient leur approbation, et l'auteur qui voudrait s'en passer aurait à craindre la poursuite judiciaire.

Dans ce cas-là, il ne resterait à l'auteur d'autres moyens que ceux qui existent malgré toutes les lois, celui de la fraude, et celui de faire imprimer en pays étranger.

Or, il n'est pas impossible que les puissances se trouvent quelquefois réunies contre des ouvrages dont il serait fâcheux pour la nation d'être privée.

Mais quand on ne peut pas faire une aussi bonne loi qu'on voudrait, il faut faire la moins mauvaise qu'on peut.

La morale ni la raison ne permettraient une loi par laquelle tous les livres, sans exception, pourraient paraître impunément, puisqu'il peut y avoir même des discours si coupables, qu'il soit nécessaire de les punir.

Il faut donc, ou prévenir les livres répréhensibles par la censure, ou les punir par la justice; et comme la censure et la justice s'exercent par des hommes, le caprice des censeurs ou la crainte des caprices de la justice seront toujours un obstacle à *la liberté de la presse*, jusqu'à ce que tous les tribunaux du royaume, dirigés par la nation elle-même, se soient pénétrés de principes assez certains sur cette liberté, pour que les auteurs qui, dans leur conscience, savent qu'ils n'ont pas d'intention criminelle, soient bien assurés qu'ils n'ont rien à craindre.

Or, nous sommes encore bien loin de là en France, et, en attendant qu'on y soit parvenu, il est juste de donner une sauve-garde aux auteurs qui veulent écrire sans se compromettre.

Ainsi, l'expédient proposé de leur donner le choix de se soumettre aux fantaisies des censeurs ou de s'exposer à celles de la justice, me paraît meilleur que tous les autres partis qu'on pourrait prendre, c'est-à-dire, meilleur que celui de les soumettre tous à la censure, meilleur que celui de les exposer tous au caprice de la justice, et meilleur aussi que celui de laisser subsister des lois rigoureuses qu'on n'exécute pas, parce que bien des auteurs ne veulent pas se fier à cette tolérance tacite, et que ceux qui s'y fieront, en seront peut-être la victime dans un moment où il plaira à la justice de vouloir remettre les lois en vigueur, et de l'annoncer par un exemple.

P. S. Quand j'ai fait ce Mémoire, je ne connaissais pas encore la brochure que M. de Mirabeau a fait paraître sur *la liberté de la presse.*

Je viens de la lire ; je reconnais le génie de Milton au trait que l'auteur a choisi pour son épigraphe.

Je vois avec grand plaisir qu'on pensait,

dès le tems de Milton, que *la liberté de la presse* est le fondement de la liberté des nations.

Je suis étonné que Milton attribue uniquement à l'église romaine et à l'inquisition le système de la censure préalable, qui n'avait pas lieu chez les anciens.

Comment n'a-t-il pas songé que cette police n'a pu avoir lieu que depuis l'invention de l'*Imprimerie?*

Caton l'ancien et les empereurs romains, qui ont plusieurs fois voulu bannir la philosophie de Rome, auraient certainement pris le parti d'établir une inspection sur les livres si, de leur tems, les livres avaient été fabriqués dans une boutique ; et s'ils n'inventèrent pas la tyrannie de la censure, c'est parce qu'il n'est pas possible d'inspecter le manuscrit que chaque particulier écrit chez lui.

Au reste, cette légère observation ne fait rien à la question que nous traitons, et je n'ai rien trouvé dans cet ouvrage qui m'ait fait changer d'avis sur ce que j'ai proposé.

FIN.

www.ingramcontent.com/pod-product-compliance
Ingram Content Group UK Ltd.
Pitfield, Milton Keynes, MK11 3LW, UK
UKHW012215240726
13966UKWH00003B/780

9 782011 751607